古典文獻研究輯刊

二九編

潘美月・杜潔祥 主編

第 4 冊

文獻辨僞書錄解題（第三冊）

司 馬 朝 軍 著

國家圖書館出版品預行編目資料

文獻辨偽書錄解題（第三冊）／司馬朝軍 著─初版─新北市：
花木蘭文化事業有限公司，2019〔民 108〕
目 10+154 面；19×26 公分
（古典文獻研究輯刊 二九編；第 4 冊）
ISBN 978-986-485-943-6（精裝）
1. 文獻學 2. 辨偽學 3. 解題目錄
011.08   108011994

ISBN-978-986-485-943-6

9 789864 859436

文獻辨偽書錄解題（第三冊）

司馬朝軍 著

古典文獻研究輯刊
二九編 第 四 冊   ISBN：978-986-485-943-6

文獻辨偽書錄解題（第三冊）

作　　者　司馬朝軍
主　　編　潘美月　杜潔祥
總 編 輯　杜潔祥
副總編輯　楊嘉樂
編　　輯　許郁翎、王筑、張雅淋　美術編輯　陳逸婷
出　　版　花木蘭文化事業有限公司
發 行 人　高小娟
聯絡地址　235 新北市中和區中安街七二號十三樓
　　　　　電話：02-2923-1455／傳真：02-2923-1452
網　　址　http://www.huamulan.tw 信箱 hml 810518@gmail.com
印　　刷　普羅文化出版廣告事業
初　　版　2019 年 9 月
全書字數　515880 字
定　　價　二九編 29 冊（精裝）新台幣 58,000 元

目

次

集　部

楚辭類

楚辭

2284　鄭沉，《招魂》非宋玉作說，中國學報，1913（9）

【解題】《招魂》宜據司馬遷說，定爲屈原所作。

2285　陸侃如，屈原評傳，屈原，亞東圖書館排印本，1923

【解題】《序例》稱《屈原評傳》中考證占十分之七以上，因爲前人對於作品眞僞及時代都不甚注意，故特詳細討論。作者認爲，今本《楚辭》中屬於屈原的作品僅有十一篇，即《橘頌》、《離騷》、《相思》、《悲回風》、《情誦》（以上作於懷王朝）；《思美人》、《哀郢》、《涉江》、《懷沙》、《惜往日》、《天問》（以上作於頃襄王朝）。其後在《中國詩史》第四篇第三章認爲屈原的作品只有五篇：《離騷》、《涉江》、《哀郢》、《相思》、《懷沙》，「其餘二十篇都靠不住」。

2286　劉大白，宋玉賦辨僞，小說月報，1927（17）

【解題】宋玉作品除《楚辭》中《九辯》、《招魂》二篇外，尚有十篇賦傳世，《風賦》、《高唐賦》、《神女賦》、《登徒子好色賦》四篇見於《文選》，《笛賦》、《大言賦》、《小言賦》、《諷賦》、《釣賦》、《舞賦》六篇見於《古文苑》，這十篇賦都是後人託古之作，沒有一篇是眞的。今按：結論不能成立。

2287　方書林，《九章》的真偽談，語言歷史研究所週刊，1928（43）

　　【解題】懷疑《九章》這個名稱在東漢時才有，是劉向輯《楚辭》時所加，或是一班託古家。今按：此文為臆論。

2288　劉永濟，《九辨》通箋，國立武漢大學文哲季刊，1935（4）

2289　朱東潤，《離騷》的作者，光明日報，1951，3，31

2290　郭沫若，評《離騷的作者》，光明日報，1951，5，26

2291　沈知方，對於《離騷》作者的商榷，光明日報，1951，6，9

2292　胡念貽，宋玉作品的真偽問題，文學遺產增刊（第一輯），1955

　　【解題】只有《九辯》被公認是宋玉所作，沒有異辭。除《對楚王問》可以確定非宋玉所作而外，對於《招魂》和《文選》所載的其餘四篇，雖然可以找到一些懷疑的理由，但是要用這些懷疑的理由來斷定他們是偽作，卻還是很不夠充分。《古文苑》所載的六篇，找不出較古的材料證明它是宋玉的作品，他們的內容和風格也不能顯示出它的可靠性，只好存疑了。

2293　馬茂元，《離騷》關於時代問題的商榷，文學遺產增刊（第三輯），北京：作家出版社，1956

2294　孫作雲，論《國殤》及《九歌》的寫作時代，開封師範學院學報，1956（1）

2295　孫作雲，《大招》的作者及其寫作年代，文史哲，1957（9）

　　【解題】《大招》的作者是屈原，是屈原為招楚懷王之魂而作，其寫作年代在楚襄王三年（公元前296年）春。

2296　陳朝璧，關於《招魂》的作者和內容的商榷，文學遺產增刊（第6輯），北京：作家出版社，1958

　　【解題】《招魂》的作者是屈原。

2297　金德厚，關於「『離騷』中竄入的文字」，文學遺產增刊（第6輯），北京：作家出版社，1958

2298　蘇雪林，《天問》是否為屈原所作，臺灣新生報，1959，5，29（6）

2299　張宗銘，試論《遠遊》仍當為屈原所作，文學遺產增刊（第11輯），1961

2300　陳子展，《卜居》、《漁父》是否屈原所作，學術月刊，1962（6）

　　【解題】《卜居》、《漁父》都是屈原所作。

2301　湯炳正，《楚辭》編纂者及其成書年代的探索，江漢學報，1963（10）

【解題】《楚辭》一書是由戰國到東漢這一漫長的歷史時期中經過很多人的繼續編纂增補而成的；至於劉向，不過是纂輯者之一，而且不是重要的纂輯者，他只是增補了四篇作品；對屈原作品搜集最多的是淮南王或其賓客，經過這次纂輯，已奠定了《楚辭》一書的基礎，此後不過是零星增補而已。

2302　張壽平，《九歌》之名稱、性質、時代及其作者，大陸雜誌，1966（10～11）

【解題】《九歌》是屈原所作，是九篇濮獠民族的祀神歌辭。

2303　李寶強，《遠遊》篇作者問題商榷，南洋大學學報，1967（1）

2304　鄭良樹，屈賦與《淮南子》，大陸雜誌，1976（6）

2305　湯炳正，關於《九章》後四篇〔《思美人》、《惜往日》、《橘頌》、《悲回風》〕眞僞的幾個問題，四川師院學報，1977（4）

2306　陳子展，論《卜居》、《漁父》爲屈原所作，中華文史論叢（第7輯），1978

2307　陳化新，也談宋玉作品的眞僞問題，延邊大學學報，1980（1）

2308　龔維英，屈原賦辨僞，南京師院學報，1981（4）

【解題】《九章》中《涉江》、《悲回風》、《惜往日》是僞作。

2309　姜昆武等，《遠遊》眞僞辨，文學遺產，1981（3）

【解題】《遠遊》爲屈原所作，並非僞作。

2310　曹明綱，宋玉賦眞僞辨，上海師院學報，1984（2）

2311　袁梅，宋玉和他的《九辨》，文史知識，1985（5）

2312　李世剛，宋玉及其《九辨》，遼寧教育學院學報，1985（4）

2313　成績，從曾侯乙墓的竹笛看宋玉《笛賦》的眞實性，江漢論壇，1985（7）

【解題】《笛賦》爲宋玉所作，並非僞作。

2314　袁梅，宋玉辭賦今讀，濟南：齊魯書社，1986

2315　龔維英，宋玉作《招隱士》考辨，江漢論壇，1986（3）

【解題】《招隱士》的作者就是屈原後輩宋玉。

2316 朱碧蓮，宋玉辭賦眞偽辨，宋玉辭賦譯解，北京：中國社會科學出版社，1987

2317 李生龍，近十年來關於宋玉賦眞偽問題研究綜述，文史知識，1989（4）

2318 陳子展，楚辭直解，南京：江蘇古籍出版社，1988；上海：復旦大學出版社，1996

2319 湯漳平，《古文苑》中宋玉作品眞偽辨・江海學刊，1989（6）

2320 譚家健，《唐勒賦》殘篇考釋及其他，文學遺產，1990（2）
【解題】《文選》和《古文苑》所載宋玉賦，除《舞賦》外，其餘均是宋玉所作。

2321 廖名春，從《唐勒賦》的出土論宋玉散體賦的眞偽，求索，1991（4）
【解題】從出土的唐勒賦來看，相傳爲宋玉的散體賦，大部分應是宋玉所作。

2322 湯漳平，宋玉作品眞偽辯，文學評論，1991（5）
【解題】傳世的宋玉賦作，均由來已久，二千年來，它們已和宋玉的名字緊緊相連；由於歷代的戰亂和古代作品以手抄本的形式加以流傳，使這些作品在不同古籍載錄中產生一些文字上的差異，《文選》中所載的作品與李善注引用的《宋玉集》文字，均有不同，《古文苑》所載錄的也與《藝文類聚》中的有所不同，這是我國古代作品流傳過程中必然產生的一種正常現象，並非宋玉作品特殊；在現存的宋玉賦作中，可能會有個別篇屬後人作品被誤收入《宋玉集》中，但不能以點帶面，輕易地將觀存宋玉作品一概加以否定；至於劉大白在否定宋玉作品時，列舉了大量所謂周秦古韻來與宋玉賦比照，認爲宋玉賦中有大量不合韻的地方，這一點，胡念貽的文章已反駁得十分有力。作者認爲，除《招魂》爲屈原所作，《舞賦》爲傅毅所作，《笛賦》存疑外，其餘均是宋玉所作。

2323 朱碧蓮，宋玉辭賦眞偽辨，楚辭論稿，上海：三聯書店，1993

2324 廖名春，宋玉散體賦韻讀時代考，古漢語研究，1993（2）

2325 張德育，論《招隱士》爲招劉安生魂之作，北方論叢，1995（4）

2326 力之，《宋玉作〈招隱士〉考辨》駁議——兼說《文心雕龍・辨騷》，江漢論壇，1997（8）
【解題】《招隱士》絕不可能是宋玉之作。

2327　楊琳，《登徒子好色賦》的語文學證僞，文獻，1998（4）

　　【解題】《登徒子好色賦》是後人僞託於宋玉名下的，其寫作時代應在
王逸之後，阮籍之前，即約在公元二世紀三四十年代至三世紀初。

2328　高秋鳳，宋玉作品眞僞考，北京：文津出版有限公司，1999

　　【解題】從《笛賦》體制、音韻、用詞、句式、内容、後人的引用情況
等方面，認爲「《笛賦》絕對可能是宋玉的作品」。

2329　陳學文，《橘頌》當爲屈原晚年所作，文史知識，2001（3）

2330　莫道才，《大招》爲戰國時期楚地民間招魂詞之原始記錄說，雲夢學刊，
　　　2001（5）

　　【解題】《大招》産生時期應早於《招魂》，當爲戰國時期民間招魂詞之
原始記錄。這可以從三個方面得到確認，一是從《大招》之「大」的意義看
其産生時間；二是從語詞「只」看《大招》之地域性和民間性；三是從《大
招》的錯簡誤讀看其原始記錄的特性。

2331　吳廣平，20世紀宋玉研究述評，中州學刊，2002（1）

2332　劉剛，《宋玉集序》考與宋玉對問體散文的眞僞，中國楚辭學，2003（1）

2333　金榮權・屈宋論考，北京：中國文史出版社，2005

2334　劉剛，宋玉辭賦考論，瀋陽：遼海出版社，2006

2335　吳廣平，宋玉著述眞僞續辨，長江大學學報，2005（5）；中國楚辭學，
　　　2007（1）

　　【解題】宋玉著述的眞僞，是中國文學史研究中的一椿公案。20世紀初
期，受疑古主義思潮的影響，宋玉的著述幾乎全部被斷定爲僞作。20世紀末
期，隨著宋玉散體賦《御賦》的出土，懷疑宋玉散體賦爲僞作的推斷自然不
攻自破，從而使人們對宋玉著述的眞僞有了全新的認識。經歷了一個否定之
否定的過程後，可斷定傳世的19篇宋玉作品中，《報友人書》、《對友人問》、
《對或人問》三篇爲僞作，《高唐對》、《郢中對》兩篇爲《高唐賦》和《對楚
王問》的異文，《舞賦》疑爲東漢傅毅《舞賦》的摘錄；而《楚辭章句》所收
的《九辯》、《招魂》兩篇，《文選》所收的《風賦》、《高唐賦》、《神女賦》、《登
徒子好色賦》、《對楚王問》五篇，《古文苑》所收的《笛賦》、《大言賦》、《小
言賦》、《諷賦》、《釣賦》五篇，《文選補遺》所收的《微詠賦》，加上銀崔山
出土的《御賦》，共14篇作品，則都確是宋玉所作；而《隋書・經籍志・小

說類》所載署名宋玉所撰的《宋玉子》一書當是後人從民間收錄的有關宋玉的逸事和言行的著作，其作者不可能是宋玉。

2336　龔俅，關於《楚辭·招隱士》的幾個問題，蘇州科技學院學報，2007（1）

【解題】王逸《招隱士序》其義明順，它強調的是淮南小山在共時性的心理時空平臺下招屈的創作依據；代屈原而「章」其「志」是《招隱士》得入《楚辭》而《弔屈原賦》等與屈原相關的作品不得入之重要原因；從屈原幽隱山中的悲淒身世和時人對隱士的認識與接受等角度考察之，屈原被稱為「隱士」沒有任何問題，《招隱士》所招對象為屈原不容置疑；以《文選》、《藝文類聚》等否定淮南小山的著作權，似得而實失。

2337　曹亮，《招隱士》作者諸說述評，九江學院學報，2008（2）

2338　蔣麗霞，關於《悲回風》真偽問題的一點意見，文教資料，2008（17）

【解題】從《悲回風》文本出發，詳細論述了其為偽作的證據：一是《悲回風》中出現了大量疊字甚至是疊字對，這在確為屈原所著的作品中比較少見；二是根據自敘性文學作品「自我稱頌」的顯著特點，《悲回風》出現了明顯的謙遜之語。

2339　李美清，宋玉作品真偽考辨——以《古文苑》中所收宋玉六賦為例，貴州大學碩士論文，2008

【解題】《笛賦》、《諷賦》、《釣賦》、《大言賦》、《小言賦》是宋玉的作品，而《古文苑》中所收的《舞賦》是宋玉作，《文選》中所收錄的《舞賦》則是傅毅衍宋玉賦而成。

2340　蕭振豪，《古文苑》所收「宋玉賦」韻讀及真偽問題重探，中國楚辭學（第十七輯），2009

2341　王偉琴，《文選》所收宋玉五賦真偽考，中州學刊，2009（1）

【解題】最早見於南朝梁蕭統所編《文選》的《風賦》、《高唐賦》、《神女賦》、《登徒子好色賦》、《對楚王問》五篇宋玉賦，確是宋玉所作。

2342　金榮權，百年宋玉研究綜論，江漢論壇，2009（2）

【解題】20世紀以來，經過幾代學者的反覆爭論與深入探討，在宋玉研究領域取得了三大標誌性成果：確定了宋玉賦作的真實性，充分肯定了宋玉作品的

文學價值和宋玉在文學史上的地位，不斷完善了《宋玉集》。但在宋玉研究領域，還有諸多方面需要再認識、再討論、再深入和再加強，其中包括對宋玉全部作品歸屬的確認，宋玉在文學史上的正確定位，宋玉生平經歷的科學探討，宋玉相關研究資料的收集與整理，宋玉作品的深入解讀，宋玉研究者的合作與交流等。

2343　黃英，淺論宋玉《大小言賦》之眞僞，中國校外教育，2009（S2）

【解題】《大小言賦》當爲宋玉所作的眞品，並且是宋玉最早的文賦作品。

2344　任強、潘嘯龍，屈原《九章》眞僞問題探討，淮北煤炭師範學院學報，2010（5）

【解題】宋人李璧開始懷疑《惜往日》、《悲回風》爲屈原所作，當代有眾多研究者又從許多方面來尋找《九章》有非屈原之作的證據。其中，懷疑者認爲最有力的證據之一是「貞臣」、「蔽壅」、「弗」等詞語的使用；另一有力證據是有些作品對伍子胥的稱頌。從詞語使用方面來看，《惜往日》這篇在《九章》中最被人們懷疑的作品，不僅同最典型的屈作並無區別，而且在用詞上也同它們有著直接的聯繫，恰恰證明此詩是屈原的作品；從思想感情等方面，很難說《惜往日》等作品，與被認爲是屈原作的《離騷》、《涉江》、《哀郢》、《懷沙》等，有什麼根本性的區別，它們在思想上恰恰是一脈相承的；從目前所能考見的史料來看，尚無任何一條證據，能夠眞正證明《九章》中有非屈原作品。在無任何確鑿證據的情況下，《九章》中所有的作品還都應看作是屈原所作。

2345　胡小林，宋玉《舞賦》眞僞補考，襄樊學院學報，2010（7）

【解題】《舞賦》並非宋玉所作：（1）除唐人無名氏所編類書《古文苑》之外，自戰國晚期至清朝的文獻典籍中，未見宋玉曾撰寫《舞賦》的記載；且《古文苑》將《舞賦》作者題爲宋玉，並未被後世學者所接受。（2）《舞賦》記載的《激楚》、《結風》是漢代初年方才在楚地流行的舞曲，宋玉不可能是其創作者。（3）《舞賦》所記載的「材人」，亦稱「才人」，即宮中女官名，多爲妃嬪的稱號，最早設置於西漢漢文帝時期。因此，所謂宋玉《舞賦》，實爲後漢傅毅《舞賦》的摘錄。唐代類書歐陽詢《藝文類聚》、徐堅《初學記》二書均將所收《舞賦》的作者題爲傅毅，當確鑿可信；而唐代總集《古文苑》成書時間較晚，其編者將所收《舞賦》作者題爲宋玉，實爲在傳抄時失察而造成的訛誤。

2346 單良，宋玉《舞賦》眞僞問題的研究方法與歷程，鞍山師範學院學報，
2011（1）

【解題】宋玉《舞賦》眞僞問題的研究方法呈現出多元化的趨向，代表性的研究方法有：（1）運用歷史考證的方法，從宋玉生平事蹟的層面對其作品的眞僞加以考論；從文獻考論的角度思考《舞賦》的相關問題；（3）在舞文化視野裏研究《舞賦》；（4）從音韻的角度論説《舞賦》。並提出：未來的《舞賦》研究似應有必要在更加深廣的層面繼續下去；可以從《舞賦》接受的角度來思考相關問題；可將《舞賦》研究放置在一個深厚的楚地文化或東漢文化氛圍之中進行審視。

2347 金榮權，關於宋玉作品眞僞問題的共識與分歧，職大學報，2011（1）

【解題】經過百年來的爭論與探討，關於宋玉作品眞實性的問題取得了突破性的進展，《九辯》、《風賦》、《高唐賦》、《神女賦》、《登徒子好色賦》、《對楚王問》、《大言賦》、《小言賦》、《諷賦》、《釣賦》等 10 篇當爲宋玉所作，而《高唐對》、《郢中對》不能單獨成篇；《招魂》、《笛賦》、《舞賦》、《御賦》、《微詠賦》等五篇眞僞問題學界爭論仍較大。

2348 劉剛，南宋與明清宋玉作品眞僞學案與其對宋玉批評的影響，鞍山師範學院學報，2011（1）

【解題】宋代的疑古思潮和《宋玉集》在南宋的佚失引發了宋玉作品眞僞之學案，即《古文苑》所收宋玉六篇眞僞學案與《文選補遺》所收《微詠賦》眞僞學案。南宋與明清的宋玉作品眞僞學案影響了宋玉研究領域對被質疑的宋玉七篇的内容與藝術的深入研究，影響了宋玉批評領域對宋玉作品的全面把握與整體評述。

2349 金榮權，宋玉《微詠賦》眞僞辨，襄樊學院學報，2011（3）

【解題】結合戰國時代楚人宋玉和南朝宋人王微的生平經歷以及《微詠賦》（或《詠賦》）的内容、形式等來考察，認爲《文選補遺》、《廣文選》中所載舊題宋玉的《微詠賦》當爲南朝宋人王微的《詠賦》。理由是：從文獻記載來看，此賦出現甚晚；從題目和内容來看，賦名原爲《詠賦》而非《微詠賦》；此賦與宋玉諸賦形式相比極大不同；從遣詞、造句來看，是賦非先秦作品而當爲漢代以後人所作。

2350　莫道才，宋玉賦的作者問題及其文學史處理的思考，中國韻文學刊，
　　　2011（4）

【解題】署名宋玉的作品流傳和影響後世，應該以「宋玉賦」的專有名詞介紹，而不是以「宋玉的賦」的題目介紹，這樣才不會因為作者的爭議問題影響了對作品文本的評價。

2351　劉剛，明代宋玉作品的真偽考辨與輯佚及其對傳播的影響，鞍山師範
　　　學院學報，2011（5）

【解題】宋玉作品的真偽考辨與輯佚在明代都有突出的表現：在真偽考辨方面，有關於《微詠賦》、《舞賦》的真偽辯爭，有關於《九辯》、《招魂》作者所屬的討論；在輯佚方面，既有補《文選》之不足的輯佚，又有宋玉專集的問世。其所取得的階段性成果為宋玉研究的深入與宋玉作品的傳播都做出了不可忽視的貢獻。

2352　江柳，《文選》所錄《舞賦》係宋玉所作考論，湖北大學學報，2011（5）

【解題】從審美觀而論，傅武仲所持的是儒家審美觀，在情感上他是否定和排斥「鄭衛之音」的，而《文選‧舞賦》卻是熱情讚美「鄭舞」的，因此從創作主體意識上講，傅武仲創作《舞賦》是絕不可能的。再從才情而論，傅武仲藝術才情平庸，文筆笨拙，他也不可能創作《舞賦》。《文選‧舞賦》在行文格式及語言風格上與宋玉的其他作品是相同的，由此可以判定可能係宋玉所作；而《古文苑》所載《舞賦》，係流傳過程中被人任意刪削的殘篇斷簡。

2353　李美清，《釣賦》為宋玉所作說，青年文學家，2011（18）

2354　劉剛，明代宋玉作品的真偽考辨與輯佚及其對傳播的影響，紀念楊公
　　　驥教授誕辰九十週年學術論文集，北京：學苑出版社，2011

2355　蔡一純，宋玉研究史中作品真偽問題綜論，東北師範大學碩士論文，
　　　2013

【解題】《楚辭章句》中所收《九辯》、《招魂》，《文選》中所收《風賦》、《高唐賦》、《神女賦》、《登徒子好色賦》、《對楚王問》，皆是宋玉所作。《古文苑》中所收《笛賦》、《大言賦》、《小言賦》、《諷賦》、《釣賦》、《舞賦》，除《舞賦》應存疑外，其他皆為宋玉所作。此外，《微詠賦》應存疑，《高唐對》、《郢中對》、《報友人書》是被誤引的文字或異文，不能視為宋玉的作品。

2356　金榮權，宋玉主要作品完成於楚國遷都淮陽之後，湖北文理學院學報，2014（4）

【解題】宋玉步入文壇在屈原即死之後，當時楚人遷都於陳（河南淮陽），隨後又遷至壽春（今安徽壽縣），這個時期也是宋玉創作高峰時期，其主要作品都創作於這一時期，有些作品中的故事可能發生在楚襄王時期，但作品的最後定型卻是在考烈王時代。

2357　馬軍峰，《卜居》、《漁父》作者探析——以宋玉騷賦考察爲主，銅仁學院學報，2015（5）

【解題】《卜居》、《漁父》是作者存疑的楚辭作品之一，而宋玉是與屈原同時代或稍於其後能追步屈原辭賦者，世稱「屈宋」。從辭賦發展史看，將屈宋作品對比觀照，對於判定和證成《卜居》、《漁父》的作者有重要參考價值和意義。而通過屈宋作品的對比觀照以及《卜居》、《漁父》思想情感探析，其作者定爲屈原較爲允當。

2358　張樹國，論《楚辭·遠遊》文本的組成，杭州師範大學學報，2016（5）

【解題】圍繞《楚辭·遠遊》作者是否爲屈原問題，一直存在著很大爭議。近年來出土大量楚地竹書，爲這個問題的解決提供了一些富有啓發性的材料。竹書篇卷體例中的「附益」現象對《遠遊》文本的解釋具有啓發意義。《楚辭·遠遊》以文中「重曰」二字爲界，分爲上、下兩部分：上部爲淮南王劉安原作《遠遊》，下部爲揚雄《廣騷》，爲揚雄早年模擬《離騷》《大人賦》而成的集句式的「百衲體」，不是很成功的作品，但因爲被附益在《遠遊》之下，因而使《遠遊》充滿了爭議。這些史料線索原本在「揚雄自序」（即《漢書·揚雄傳》）中有明確說明，但後人圍於《遠遊》爲屈原所作的成見，往往意氣用事，對既有史料視而不見並曲爲之說。《遠遊》與《廣騷》分別對中國詩歌的遊仙詩與玄言詩產生很大影響，佔有很高地位。

2359　王德華，《遠遊》作者之爭與數術方技文化認知——兼論《楚辭》研究領域的開拓與方法論問題，中國詩歌研究，2016（1）

【解題】自清代以來，在《遠遊》作者問題上形成「屈作派」與「非屈作派」兩大陣營。兩派論爭的焦點主要在仙道思想產生的年代與地域認識上的差異，以及《遠遊》仙道思想與屈原主體情感之間的關聯的不同認知。數術方技文化在先秦知識體系中佔有重要的歷史地位，數術方技文化中表現的

天道與人道的關聯思維對諸子思想的形成以及對諸子時代哲學突破都產生重要的影響。由於受疑古思潮的影響，「非屈作派」的論證方法體現出「默證」的不當，而學科分類過細則導致對數術方技文化的認知的支離破碎與不當評價，致使兩派爭論過程中，很難走近《遠遊》書寫的知識場景，也未能細心體會《遠遊》文本本身所表達的思想世界與精神指向。《遠遊》作者之爭與數術方技文化的關聯，揭示了當今包括《楚辭》學研究在內的人文學科領域，迫切需要文獻、文化與文本這三者之間的融通。

2360　周春豔，《九辯》乃「宋玉代屈原設言之作」辨──從《楚辭》成書之體例出發兼論「整體觀照」之重要，貴州大學學報，2018（2）

　　【解題】關於《九辯》之作者，前賢時彥多有考辨且說法不一。或從東漢王逸說，主宋玉作；或從明代焦竑說，主屈原作；或否定以上二說，認爲作者乃漢代人。以上諸說，以王、焦二說最爲常見，又王逸說乃學界主流看法，焦竑說則因證據不足而難以立論。然鑒於焦說不僅曾產生過不小影響，且進入本世紀後尚時有從之者，故此論題仍有繼續研討之必要。就《楚辭》成書之體例出發進行整體觀照，足證王逸之說無疑。《九辯》只能是宋玉之作，且只能是代屈原設言之作，否則，無以解釋其何以入選《楚辭》。

其他

2361　陳勝長，讀戴震《屈原賦注》──兼論湖田草堂藏初稿殘本與《經考附錄》之眞僞問題，考證與反思：從周官到魯迅，臺北：東大圖書股份有限公司，1995

　　【解題】將《屈原賦注》與戴震其他早年著述相比論，以探其立意之旨；稽諸王逸以來之說《楚辭》者，明戴《注》參伍因革之躋；復以本書內證，見《音義》發明戴《注》之所必不可無者，確出戴氏之手；至若《屈原賦注》稿本內容，疑或非戴氏本眞，因辨戴氏著作義例，合以當時學風，以證此所謂「稿本」與《經考附錄》俱出好事者所依託。

2362　陳煒舜，歸有光編《玉虛子》辨僞，漢學研究，2006（2）

　　【解題】在四庫館臣的基礎上舉證補充，論析《玉虛子》之注文抄自王逸《楚辭章句》、洪興祖《楚辭補注》、朱子《楚辭集注》及陳深《屈子品節》，而108條評語（包括眉批與總評）中有100條是剿襲、黏合《屈子品節》、題

焦竑《屈子品匯》及其他古籍，偽託明朝賢達爲之。全書校勘草率，論點前後矛盾，實爲坊賈射利之本。

2363　許子濱，戴震《屈原賦注》成書考——兼論《安徽叢書》本《屈原賦注初稿三卷》爲偽書說，古典文獻研究，2013

　　【解題】陳勝長《讀戴震〈屈原賦注〉——兼論湖田草堂藏初稿殘本與〈經考附錄〉之眞偽問題》判《屈原賦注》爲偽作，雖足以證明《初稿》未盡精當，有待改善，但不足以充當偽書說的直接證據。《初稿》注釋體例，沿典前代注家之處頗爲明顯，從草創的角度來看，理固宜然，不必牽涉眞偽之辨。

2364　張偉，辨偽與論證——《遠遊》與《大人賦》的關係考辨，三峽大學學報，2014（4）

　　【解題】《遠遊》與《大人賦》存在語言、結構和思想方面的相似性。陸侃如認爲《遠遊》有抄襲《大人賦》的嫌疑，郭沫若則認爲《遠遊》可能是《大人賦》的初稿，其中郭沫若的看法影響深遠。此後《遠遊》的作者歸屬眾說紛紜，《遠遊》被排除在屈賦之外，經典性大打折扣。從邏輯學角度來說，陸、郭二位從兩者的相似關係推導出模仿關係，從思想成分證明《遠遊》非屈原所作，實乃循環論證，結論無法成立。又通過爬梳和整理司馬相如的生平、《史記·封禪書》的相關描述、《大人賦》的具體文本和楚文化的習俗，認爲《大人賦》其實是司馬相如爲了保全家人而對漢武帝的獻媚之作，而《遠遊》則是楚文化的產物；後者並非前者初稿，而儘管詞句不同，但司馬相如的遺札無論從主題、意圖還是功能均與《大人賦》相似，因此《大人賦》的「初稿」有可能是遺札。

總集類

孔雀東南飛

2365　劉大白，馬彥祥，《孔雀東南飛》底時代問題，民國日報·黎明，1926（15）

2366　劉大白，《孔雀東南飛》底時代問題（二），民國日報·黎明，1926（16）

2367　張爲騏，《孔雀東南飛》年代袪疑，國學月報：述學社刊物之一，1927（11）

2368　胡適，《孔雀東南飛》年代的討論，國學月報：述學社刊物之一，1927
　　　　（12）

2369　胡適，《孔雀東南飛》的年代，現代評論，1927（149）

2370　張爲騏，論《孔雀東南飛》致胡適之先生，現代評論，1928（165）

2371　張爲騏，再論《孔雀東南飛》答胡適之先生，現代評論，1928（180）

2372　伍受眞，論《孔雀東南飛》，現代評論，1928（182）

2373　陸侃如，《孔雀東南飛》考證，國學月報匯刊，1928（1）
　　　　【解題】《孔雀東南飛》大致是公元 424 年至公元 583 年之間，齊梁時
　　所作。

2374　黃節，《孔雀東南飛》之討論，國學月報匯刊，1928（1）
　　　　【解題】此詩蓋漢人所作，而經六朝人增改潤色。

2375　王越，《孔雀東南飛》年代考，國立中山大學文史學研究所月刊，1933
　　　　（2～3）

2376　洪作新，《孔雀東南飛》的檢討，江蘇學生，1935（6）

2377　陳嘉會，《孔雀東南飛》爲程子楄妻李氏作，船山學報，1935（7）

2378　孫望，從《孔雀東南飛》的地理背景談《孔雀東南飛》，光明日報，1954，
　　　　9，7

2379　熙仲，《孔雀東南飛》是何時寫定的，光明日報，1954，9，7
　　　　【解題】《孔雀東南飛》在晉代由南方人寫定。

2380　王運熙，論《孔雀東南飛》的產生年代思想藝術及其他問題，語文教
　　　　學，1956（12）

2381　游國恩，論《孔雀東南飛》的思想性及其他，樂府詩研究論文集，北
　　　　京：作家出版社，1957

2382　徐復，從語言上推測《孔雀東南飛》一詩寫定的時代，學術月刊，1958
　　　　（2）
　　　　【解題】這首詩裏有些詞彙是三國以後才通行的，有些詩句又像六朝人
　　的口吻。

2383　徐銘延等，對徐復的「從語言上推測《孔雀東南飛》一詩寫定的時代」
　　　　一文的商榷，學術月刊，1958（12）

2384　方師鐸，從「用韻」推定《孔雀東南飛》詩的時代，東海中文學報，1979（1）

2385　張晉發、孫景梅，《孔雀東南飛》「序」質疑，學習與探索，1979（4）

【解題】《孔雀東南飛》並非「漢末建安中」的作品，而是產生於南朝時期，且詩確實產生於「交廣」地區，而非「廬江府」。

2386　費秉勳，關於《孔雀東南飛》的「序」——與張晉發、孫景梅二同志商榷，學習與探索，1980（6）

【解題】不能根據「交廣」、「青雀白鵠舫」、「青廬」、「龍子幡」等名物，推翻原序所確定的「漢末建安中」的創作時代。詩中的「交廣」一句不但不是提供了故事發生的地點，恰好證明故事不可能發生於交廣。

2387　孟保青，也談孔雀東南飛「序」——與張晉發、孫景梅二同志商榷，河北大學學報，1981（1）

【解題】《質疑》一文還沒有充分的理由推翻詩序所提供的《孔》詩的產生年代，其中《孔雀東南飛》「具有濃厚南國風味的地方特色和風土人情」的觀點不能成立，因而也就不能否定詩序「廬江府」的說法。

2388　袁伯誠，關於《孔雀東南飛》的寫作年代淺見，固原師專學報，1981（1）

2389　蔣逸雪，關於《孔雀東南飛》的寫作時代問題，教學與進修，1981（4）

2390　孫續恩，《孔雀東南飛》產生時代補證，湖北師範學院學報，1985（2）

【解題】《孔雀東南飛》的時代，自二十年代梁啓超提出「起於六朝，前此卻無有」的看法以後，經多方探討，現在學者們基本上定為建安時期；但直接的證據除《玉臺新詠》收錄此詩時的小序而外，沒有更早的了。該文補充一條證據，說明《孔雀東南飛》三國以前就有了，韋昭所見比《玉臺新詠》早三百年。

2391　王劉莉，《孔雀東南飛》是漢代樂府嗎？，江漢大學學報，1989（2）

【解題】《孔雀東南飛》及序，早見於南朝梁陳時代徐陵編的《玉臺新詠》，該序說這是「漢末建安中」發生在「廬江」地方的故事，因「時人傷之，為詩云爾」，故流傳下來；序稱漢獻帝建安年為「漢末」，可見序的作者不是漢朝人，也就是說，序是漢以後的人增寫的。鑒於徐陵生活的時代距漢末已有三個多世紀，此詩在如此漫長的民間傳頌過程中，不見朝野任何著述有片言隻語提及，徐陵是

從何處輯得全詩並序的呢？再説，詩、序並傳也相當困難，因爲篇幅之大決非一般人所能輕易掌握。從這些方面來看，序文很可能是徐陵或其同時代人假託。

2392　祝宗武，《孔雀東南飛》成詩年代芻議，宜春師專學報，1993（6）

2393　魏培泉，論用虛詞考訂《焦仲卿妻》詩寫作年代的若干問題，中研院歷史語言研究所集刊（第六十二本），1993

2394　紀永貴，《孔雀東南飛》時代考綜述，池州師專學報，1999（4）

【解題】《孔雀東南飛》最早收錄在南朝末年徐陵編定的《玉臺新詠》中，前有小序記該詩本事發生在「漢末建安中廬江府」，後人皆信以爲眞。本世紀二十年代，梁啓超首先質疑，認爲「或爲六朝之作」，後有陸侃如、張爲騏、盛瑞裕等人附和；而黃晦聞、蕭滌非、余冠英、王運熙等人堅持爲漢詩，這一觀點至今日似成定論；胡適不贊成「六朝論」，也否認「漢詩論」，認爲《孔雀東南飛》產生於魏晉。該文據諸家學者提供之證據，認爲《孔雀東南飛》詩應產生於公元 220 年至 320 年間。

2395　范富安，從《孔雀東南飛》的文化特徵看其產生時代，寧夏大學學報，2002（3）

【解題】從詩歌中我們能體會到漢代察舉制度、儒學和禮教等漢代特有的文化對人物的思想和行爲方式的深刻影響，因此《孔雀東南飛》是一首典型的產生於漢末建安時期的樂府詩。

2396　章培恒，關於《古詩爲焦仲卿妻作》的形成過程與寫作年代，復旦學報，2005（1）

【解題】通過《藝文類聚》所載的一首關於焦仲卿妻的詩和《古詩爲焦仲卿妻作》的比勘和相關的考證，認爲該詩實爲在漫長歷史時期裏逐步形成的《古詩爲焦仲卿妻作》的一種較原始的漢代文本；是以《古詩爲焦仲卿妻作》雖發端於東漢（很可能爲建安時期），但其主要部分則完成於魏晉至南朝。

2397　曾奕淵，《孔雀東南飛》成詩年代考論，現代語文，2012（2）

【解題】《孔雀東南飛》的成詩年代歷來有兩種意見：一爲建安説，一爲六朝説。就文學與社會的關係而言，建安説不成立；因爲詩中所反映的是和平安定、繁榮富足的社會，而建安年間的廬江則連年戰爭、政權更迭、土匪劫掠、屠城遷徙，兩者互相矛盾，所以其成詩年代無疑是六朝。

2398　木齋等，論《孔雀東南飛》的作者和寫作背景，山西大學學報，2012
　　　（3）

　　　【解題】《孔雀東南飛》並非一向所說的樂府民歌，曹植應爲其主要作者；《藝文類聚》和《玉臺新詠》的兩個不同版本，正應該是曹植分別寫作於建安時期以劉勳休妻爲原型的抒情詩和黃初後期以甄后之死爲原型的敘事詩；兩個版本不同的序所載的時間說法不同，前者爲「後漢」，後者爲「漢末建安中」，留下了不同時間寫作的時代痕跡，兩作從序到詩作正文，無不吻合於兩個不同的題材背景。

2399　鞏玲玲，《孔雀東南飛》中稱謂詞的時代特徵，長江大學學報，2013（4）

　　　【解題】「新婦」、「姥」、「妾」、「君」、「卿」、「阿（母、兄）」等幾個稱謂詞的使用情況，充分反映了魏晉時期語言的特徵；魏晉時期的《世說新語》、《搜神記》等文獻中稱謂詞的使用情況能與之相互印證，從而可以推斷《孔雀東南飛》的成詩年代是魏晉時期。

2400　趙潔，《孔雀東南飛》主體部分的產生時間之考察，理論界，2014（10）

　　　【解題】《孔雀東南飛》的產生過程和時間長期懸而未決，我們從詩歌的擬作和焦仲卿和劉蘭芝之間的稱呼「卿」和「君」兩方面探討可以推測其主體部分寫定時間大約在南朝宋齊之間。

2401　汪鈺，論《孔雀東南飛》並非曹植所作——兼與木齋、尚學鴻先生商
　　　榷，湖北文理學院學報，2018（4）

　　　【解題】木齋與尚學鴻先生在《論〈孔雀東南飛〉的作者和寫作背景》中認爲《孔雀東南飛》是曹植所作，並且與曹植和甄后的所謂「隱情」高度關聯。其實，收在《玉臺新詠》與《藝文類聚》中詳略不同的兩個版本的《孔雀東南飛》只不過是《藝文類聚》節選引用所致。從「考史」與「考生平」、「考版本」、「作品的本體性驗證」幾個方面可以得出，《孔雀東南飛》並非曹植所作；至於其具體作者，因爲資料所限，可能已經無考。

木蘭辭

2402　張爲騏，《木蘭詩》時代辯疑，國學月報：述學社刊物之一，1927（4）
2403　曲瀅生，《木蘭詩》的時代，歷史與考古，1937（4）
2404　羅根澤，《木蘭詩》產生的時代和地點，光明日報，1954，4，20

2405　郭明忠、羅根澤,《木蘭詩》產生時代和地點的討論,光明日報,1954,7,18

2406　徐朔方,評羅根澤先生關於《木蘭詩》的兩篇考據文章,文學遺產增刊（第一輯）,北京:作家出版社,1955

2407　蕭滌非,從杜甫、白居易、元稹詩篇看木蘭的時代,文學遺產增刊（第一輯）,北京:作家出版社,1955

2408　齊天舉,關於《木蘭詩》的著錄及其時代問題,文學遺產增刊（第十四期）,北京:中華書局,1964
　　【解題】《木蘭詩》作於北朝說的提出,分作兩個步驟:（一）提出「智匠著錄」的記載,至於這一條是怎麼來的,是否可靠,似乎是用不著懷疑、也不容懷疑的;（二）根據郭茂倩把《木蘭詩》編入《梁鼓角橫吹曲》,而《梁鼓角橫吹曲》原為北朝樂府民歌,《木蘭詩》的內容看去與北朝民歌彷彿等疑似之跡,斷《木蘭詩》為北朝作品。就這樣,把複雜的問題給以簡單化,從此事實真相被掩蓋了。

2409　游國恩,《木蘭辭》非唐人作,文史,1978（5）

2410　劉興漢,關於《木蘭詩》的評價問題,古典文學論叢（第一輯）,1980
　　【解題】《木蘭詩》所反映的拓跋與北方柔然的戰爭是抵禦異族的反掠奪的正義戰爭。

2411　許可,關於《木蘭詩》的時代,北京師範大學學報,1981（5）
　　【解題】《木蘭詩》所產生與所反映的時代,大致在北朝約二百年間,最可能是北魏前期。

2412　許善述,也談《木蘭詩》的時代和主題,安慶師院學報,1982（1）

2413　宋抵,《木蘭辭》所反映的時代特徵,東北師大學報,1982（3）

2414　于正,談《木蘭詩》產生的歷史背景兼與劉興漢同志商榷,廣西師範大學學報,1983（1）

2415　齊天舉,《木蘭詩》的著錄及時代問題續證,文學遺產,1984（1）
　　【解題】郭茂倩《樂府詩集》中的《木蘭詩》題注較各本題注溢出的五個字,多半是訛誤所致;其題注的「《古今樂錄》曰」一語不足據,《木蘭詩》是初唐時代的作品。

2416　趙從仁，《木蘭詩》的著作及其時代問題，中州學刊，1985（5）

　　【解題】對齊天舉《關於〈木蘭詩〉的著錄及其時代問題》、《〈木蘭詩〉的著錄及其時代問題續證》二文否定郭茂倩《樂府詩集》中有關的按語、題注的可靠性，否定《古今樂錄》對《木蘭詩》的著錄，進而得出該詩產生於唐代的結論，不敢苟同。作者認爲《木蘭詩》確實是一首古詩，它至少成熟於南北朝時期；當然，也不能否認，《木蘭詩》經過唐人的修改，打上唐代的一些烙印。

2417　趙從仁，《木蘭詩》題注源流辨，信陽師範學院學報，1986（1）

2418　唐長孺，《木蘭詩》補證，江漢論壇，1986（9）

　　【解題】《木蘭詩》爲唐人所作。

2419　齊天舉，結論應來自可靠的材料——就《木蘭詩》的著錄及時代問題再答趙從仁先生，信陽師範學院學報，1987（1）

　　【解題】《古文苑》本題注可信，《樂府詩集》本題注不可信；《木蘭促織》同郭《樂府》本《木蘭詩》是母本和子本的關係；郭本代表的是宋本，宋本是在《木蘭促織》的基礎上加工潤色而成；郭本的文字同其他宋代的傳本纂本一致，而同唐本相去甚遠；因此郭《樂府》本《木蘭詩》根本不可能是錄自比《木蘭促織》更原始的所謂《古今樂錄》本。

2420　黃震雲，《木蘭詩》作者考，徐州教育學院學報，1988（4）

　　【解題】《木蘭詩》是唐代詩人韋元甫所作。

2421　王增文，《木蘭詩》的產生時代、本事和作者考辨，河南教育學院學報，1994（3）

　　【解題】《木蘭詩》產生於隋末唐初；《木蘭詩》的本事當與諸多方志書中所記載的隋代營廓鎮魏木蘭代父從軍的故事有關；《木蘭詩》的第一作者當是魏木蘭本人。

2422　任芬，試論《木蘭詩》的時代背景，中華女子學院學報，1996（4）

2423　李雄飛，《木蘭辭》是十六國時期陝北地區的民間敘事詩，西北民族學院學報，1999（1）

　　【解題】從民間文化的遺留、文學作品的認識、毗鄰地名的更替、文獻方志的記載作爲推論的對象、線索、背景、依據來看，《木蘭辭》是十六國時期陝北地區的民間敘事詩。

2424　賀玉萍,《木蘭辭》創作時代與作者之探究,洛陽大學學報,2004（1）

【解題】從歷史背景與文化思想兩方面入手,認爲《木蘭辭》成詩時代應在北魏孝文帝改革之後。

2425　王文倩、聶永華,20 世紀《木蘭詩》成詩年代、作者及木蘭故里研究綜述,華北水利水電學院學報,2006（4）;商丘師範學院學報,2007（1）

【解題】《木蘭詩》成詩年代有北朝説、隋唐説兩種;作者有韋元甫作、木蘭本人或北方女子作、民間或集體創作三説;木蘭故里有黃州黃陂縣説、陝西説、虞城營廓説三種。

2426　張雯虹、孫文采,《木蘭詩》應該是蒙古族古代民歌,西北民族研究,2007（3）

【解題】從時代背景、地名、民俗、語言等四個方面考證出《木蘭詩》是蒙古族古代民歌。

2427　呂晃,《木蘭辭》成詩年代芻議,鄭州航空工業管理學院學報,2008（1）

2428　力高才,《木蘭詩》始於北魏平城末期京畿考,山西大同大學學報,2009（2）

【解題】從北朝與北方少數族強敵柔然的戰和關係與雙方的勢力消長看,從北魏平城時期與洛陽時期對柔然軍事鬥爭的情況看,從明堂制度的變遷以及北朝只有北魏平城末期在平城南郊建成明堂的實際看,《木蘭詩》都只能是始作於北魏平城末期遷都洛陽之前的作品。

2429　王頲,《木蘭詩》作者和寫作年代新證,中華文史論叢,2009（4）

【解題】宋、元時期膾炙人口而今家喻户曉的《木蘭詩》,應該就是中唐人韋元甫將「原始」作品分拆後增加詞句所「續入」的二首姊妹篇之一;而其「原始」作品,蓋南宋人祝穆所錄、題爲「晉木蘭」所作的「古樂府」。值得注意的是,除生活年代晚於韋元甫者,無人提及那首已被「精練」的作品。實際上,當拓跋鮮卑君臨北中國之際,女子以女妝出入營壘的現象十分普遍,只有在唐統一後,軍隊中才沒有女性。到了後世,兵威不振的宋和崇尚武功的元,從各自的感觀出發,都對木蘭有著許多的讚美。

2430　黃震雲、唐建,漢魏石刻畫中的丁蘭和《木蘭詩》的形成與寫作時代

新證，中國政法大學學報，2009（4）

【解題】漢代和北魏的石刻畫像中描繪的丁蘭侍親傳說有侍奉母親和父親兩種，而侍奉父親在早，侍母爲後出；名字有丁蘭和丁蘭父兩稱，又實爲一人。到北朝時期，侍奉母親的丁蘭又變成女性，丁蘭的丁表示身份，就是漢代的丁奴婢；《木蘭詩》的傳說由此產生，詩歌的寫作時間也就應該在北魏時期。在文化層面上，故事由孝提升到了忠，最後成爲忠孝兩全統一的典範；後來木蘭爲了體現性別差異又變成了花木蘭，花木蘭就是木蘭。元代以後，丁蘭是二十四孝之一的主角，孝順侍奉的對象不再爲一個人，而是父母雙親，一事分合變化凡三次。

2431　劉子立，《木蘭詩》本事及創作年代略考，柳州師專學報，2010（1）

【解題】《木蘭詩》的下限在唐前，且《木蘭詩》可能爲南人所作。

2432　胡卓學，胡海龍，《木蘭詩》時代考論，中國韻文學刊，2011（3）

【解題】根據郭茂倩《樂府詩集》關於梁鼓角橫吹曲的解題，陳釋智匠編纂的《古今樂錄》並沒有輯入《木蘭詩》，也沒有「錄其題」；依據《木蘭詩》文本，從兵制、名物、語言、音韻諸方面的大量文史資料，可以得出《木蘭詩》是初唐產生的民歌；從詩歌史著眼，拿《木蘭詩》和《木蘭歌》的內容同初唐的戰爭史實對照，可得出《木蘭詩》產生的具體時代是初唐高宗或稍後的結論。

2433　寧稼雨，張雪，20世紀以來《木蘭詩》成詩年代及木蘭故里研究述評，河北師範大學學報，2013（3）

2434　陶智，從詞彙史看《木蘭詩》的語言年代，嘉興學院學報，2015（3）

【解題】從語言上看，《木蘭詩》非北朝時所產生，很可能成詩於唐代前期；《木蘭詩》中的很多詞語都可見於唐代文獻，如「鞍韉」「點兵」「驚忙」「兒」「地」「爺娘」等；這些唐代新詞在詩中出現比例較高，是該詩成詩於唐代的較好腳註。

2435　劉亮，也談《木蘭詩》研究中的幾個問題，樂府學，2015（2）

【解題】《古今樂錄》等較早的四種著錄《木蘭詩》的文獻都不支持「隋唐說」，「隋唐說」是宋代在《文苑英華》和朱熹、劉克莊等人的影響下才出現的。宋代儘管有部分文人詩學家提倡或贊同「隋唐說」，但並非「多數」。

而且嚴羽、蘇軾、黃庭堅等人相關論述及《古文苑》等材料在當代的《木蘭詩》研究中往往遭到誤會和曲解，容易被誤用作「隋唐說」的佐證。文學研究中的「內證法」存在局限性，僅僅通過「內證法」來推定《木蘭詩》其成詩年代是不可靠的。作爲樂府民歌，《木蘭詩》在長期流傳過程中經過了較大規模的改寫，很難像文人詩歌作品那樣去確定具體的成詩時間。

2436　漢梓，《木蘭詩》關鍵存疑再探，中華讀書報，2017

胡笳十八拍

2437　郭沫若，談蔡文姬的《胡笳十八拍》，光明日報，1959，1，7

【解題】《胡笳十八拍》爲蔡文姬所作，理由有二（1）沒有那種親身經歷的人，寫不出那樣的文字來；（2）唐開元年間詩人李頎《聽董大彈胡笳聲》一詩就說「蔡女首造胡笳聲，一彈一十八有拍」，證明李頎以前早有「十八拍」的琴譜，而且是蔡琰把胡笳譜爲琴調的。

2438　郭沫若，再談蔡文姬的《胡笳十八拍》，光明日報，1959，3，20

2439　劉大杰，關於蔡琰的《胡笳十八拍》，光明日報，1959，6，7

【解題】該文提出了與郭沫若針鋒相對的看法，從作品本身（主要是從風格體裁和地理環境方面）論證那一篇作品非蔡琰所爲，是後人作的。

2440　郭沫若，三談蔡文姬的《胡笳十八拍》，光明日報，1959，6，8

2441　劉開揚，關於蔡文姬及其作品，光明日報，1959，6，8

【解題】該文贊成劉大杰說。

2442　李鼎文，《胡笳十八拍》是蔡文姬作的嗎，光明日報，1959，6，14

【解題】該文贊成劉大杰說。

2443　王達津，《胡笳十八拍》非蔡琰作補證，光明日報，1959，6，14

【解題】該文贊成劉大杰說。

2444　郭沫若，四談蔡文姬的《胡笳十八拍》，光明日報，1959，6，21

2445　郭沫若，五談蔡文姬的《胡笳十八拍》，蔡文姬，北京：文物出版社，1959

2446　王運熙，蔡琰與《胡笳十八拍》，光明日報，1959，7，5

【解題】該文贊成劉大杰説。

2447 高亨，蔡文姬與《胡笳十八拍》，光明日報，1959，7，12
【解題】該文同意郭沫若説。

2448 王竹樓，《胡笳十八拍》不是蔡文姬作的嗎，光明日報，1959，7，12
【解題】該文同意郭沫若説。

2449 郭沫若，六談蔡文姬的《胡笳十八拍》，光明日報，1959，8，14

2450 譚其驤，蔡文姬生平及其作品，學術月刊，1959（8）
【解題】該文贊成劉大杰説。

2451 劉大杰，再談《胡笳十八拍》，文學評論，1959（4）

2452 李西戎，談《胡笳十八拍》的作者問題，山西師範學院學報，1959（4）

2453 文學遺產編輯部，《胡笳十八拍》討論集，北京：中華書局，1959

2454 蕭滌非，《胡笳十八拍》是董庭蘭作的嗎，《胡笳十八拍》討論集，北
京：中華書局，1959
【解題】該文同意郭沫若説。

2455 胡念貽，關於《胡笳十八拍》作者的爭論問題，《胡笳十八拍》討論集，
北京：中華書局，1959
【解題】該文同意郭沫若説。

2456 黃誠一，從詩韻的角度談《胡笳十八拍》的時代問題，《胡笳十八拍》
討論集，北京：中華書局，1959
【解題】該文同意郭沫若説。

2457 葉玉華，蔡文姬《胡笳十八拍》四論，《胡笳十八拍》討論集，北京：
中華書局，1959
【解題】該文同意郭沫若説。

2458 劉凌滄，中國畫裏的「胡笳十八拍圖」，文物，1959（5）

2459 沈從文，談談《文姬歸漢圖》，文物，1959（6）

2460 王去非，關於摹《胡笳十八拍》的一些問題，文物，1959（6）

2461 卞孝萱，談蔡琰作品的眞偽問題，《胡笳十八拍》討論集，北京：作家

出版社，1959

【解題】該文贊成劉大杰説。

2462　王樹村，民間年畫裏的《胡笳十八拍》，文物，1960（2）

2463　郭沫若，爲「拍」字進一解，文學評論，1960（1）

2464　蕭滌非，再談《胡笳十八拍》，山東大學學報，1960（3～4）

2465　張德鈞，再談《胡笳十八拍》的商兌，文學評論，1960（1）

【解題】該文同意郭沫若説。

2466　段熙仲、金啓華，再談《胡笳十八拍》的作者問題，南京師院學報，
　　　　1962（1）

2467　張耶，蔡文姬與《胡笳十八拍》，北京日報，1978，6，20

2468　曹水，蔡文姬和《胡笳十八拍》，吉林日報，1979，9，23

2469　顧平旦，蔡琰作《胡笳十八拍》的一個佐證，西南師範大學學報，1981
　　　　（3）

2470　吳鷺山，杜甫《同谷七歌》與《胡笳十八拍》的關係，文獻，1981（7）

2471　黃瑞雲，《胡笳十八拍》的作者問題，黃石師院學報，1982（2）

【解題】該文贊成劉大杰説。

2472　楊宏峰，論蔡文姬被虜與《胡笳十八拍》，寧夏大學學報，1983（1）

2473　楊宏峰，論蔡文姬被虜與《胡笳十八拍》，寧夏大學學報，1983（1）

【解題】以「地理環境不合」來否定《胡笳十八拍》是蔡文姬所作的觀
點是不能成立的。

2474　李毅夫，由用韻看《胡笳十八拍》的寫作時代，語文研究，1985（3）

【解題】《胡笳十八拍》的用韻概率、韻部構成、文獻記載與社會背景，
都交叉在五代。

2475　陳書錄、胡臘英，關於《胡笳十八拍》作者問題的討論，文史知識，
　　　　1986（12）

2476　王小盾，琴曲歌辭《胡笳十八拍》新考，復旦學報，1987（4）

【解題】現存的兩組琴曲歌辭《胡笳十八拍》都是唐五代人的作品，它
們辭式不同，段落內容不同，乃因爲它們配合的是兩支不同的琴曲。劉商辭
是盛唐成型的《小胡笳》的產物，騷體辭是五代成型的《小胡笳十八拍》的

產物。它們產生的條件，是《胡笳曲》的大曲化、故事化、樂譜化。因此，在唐以前不可能有《胡笳十八拍》辭。此外還指出：琴師的託古附曲，在每一時代的琴曲文獻中都有表現，其方法有二：一是將作品時代託於作品中的故事人物的時代，二是將歌辭創作時代託於琴曲創作的時代。說《胡笳十八拍》爲蔡琰作，是前一種託古附會；說《胡笳十八拍》辭爲董庭蘭作，是後一種託古附會。凡讀古代琴歌，對此也是需要格外留心的。

2477 盧興基，蔡琰和《胡笳十八拍》的作者，建國以來古代文學問題舉要，
濟南：齊魯書社，1987

2478 游國恩，論蔡琰《胡笳十八拍》，游國恩學術論文集，北京：中華書局，
1989

2479 王小盾，《胡笳十八拍》和琴歌，古典文學知識，1995（5）
【解題】舊題爲蔡琰的騷體《胡笳十八拍》的譜與辭的作者當是南唐人蔡翼。

2480 馬勤勤，蔡琰與《胡笳十八拍》，浙江大學碩士學位論文，2009
【解題】從詩歌史和音樂史出發，考辨《胡笳十八拍》曲辭和曲樂的源流與發展情況，認爲：《胡笳十八拍》的曲辭和曲樂是在漫長的歷史時期內，後人根據蔡琰原作改變潤色而成的；在這個過程中，詩與樂之間的互動起了重要的作用。此外，通過性別分析和話語分析等方法，也可以證實這個結論。

2481 楊傳中，關於琴歌《胡笳十八拍》作者的思考，宿州學院學報，2011
（4）
【解題】從音樂學角度舊話重提，對自唐代至今文學界各家觀點和音樂史學界當下對這一問題的認識加以歸納，對琴歌《胡笳十八拍》的作者問題提出質疑，從作品名稱、文辭特徵和曲調情緒等角度，分析其作者絕非出自蔡氏或董氏哪一位名家之手，而是千百年來中國歷代琴人在傳承過程中不斷加工，賦予新的技法和內涵，形成不同版本與不同風格，流傳至今的作品已經是集體智慧的結晶。

2482 馬勤勤，不能「終結」的《胡笳十八拍》真偽之爭——與王小盾教授
商榷，文學與文化，2012（3）

【解題】王小盾的《琴曲歌辭〈胡笳十八拍〉新考》《〈胡笳十八拍〉和琴歌》被研究者認爲是「代表了新時期這一問題的最重要研究成果」,「預示了《胡笳十八拍》眞僞之爭的終結」。王文所徵引史料的關鍵詞及斷句、得出結論的關鍵性前提,以及最後的結論,均存在不同程度的問題。若要繼續討論這個命題,需要眞正確實可靠的證據與更加嚴謹周密的論證;目前這個問題仍以存疑爲妥。故而,《胡笳十八拍》的眞僞之爭尚未終結。

2483 馬勤勤,蔡琰《胡笳十八拍》新考,中國典籍與文化,2013(4)

【解題】從敦煌文獻中的劉商《胡笳十八拍》小序出發,對署名蔡琰的《胡笳十八拍》的作者問題進行了再探討。蔡琰歸漢後,翻「胡笳」聲以入琴曲,創造了既有曲辭也有曲樂的《胡笳曲》;劉商《胡笳十八拍》是擬蔡琰《胡笳曲》的;今存署名蔡琰的《胡笳十八拍》是後人根據蔡琰原作《胡笳曲》改編潤色而成,時間約在晚唐五代之時。因此,可以把《胡笳十八拍》的部分著作權歸屬蔡琰。

2484 武鶯歌,千古絕唱《胡笳十八拍》的作者考證分析,蘭臺世界,2014(8)

蘇李詩文

2485 沈光,李陵《答蘇武書》是一篇「贋品」,海濱,1935(8)

2486 馬雍,蘇李詩製作時代考,上海:商務印書館,1941

【解題】從《昭明文選》中輯錄蘇武、李陵詩爲之疏證,考其眞僞,並判斷五言詩成體之時代,包括蘇、李詩之著錄及論辨、前人對蘇李詩之考證、蘇、李詩作於魏人證等3章。

2487 鄭文,李陵《答蘇武書》探源,文史雜誌,1946(1)

2488 李淑如,李陵《答蘇武書》辨僞,臺北工專學報,1973(6)

2489 雷樹田,試論李陵及其幾首五言詩的眞僞,西北大學學報,1981(3)

【解題】《文選》中李陵贈蘇武詩肯定應是李陵的作品。

2490 鄭文,論李陵與蘇武三首詩的假託,甘肅師大學報,1981(4);漢詩研究,蘭州:甘肅民族出版社,1994

【解題】要弄清五言詩的起源,必須弄清三個關鍵性的問題:一個是是

否起源於枚乘，一個是是否起源於李陵，一個是是否起源於班婕妤。

2491　曹道衡，「蘇李詩」和文人五言詩的起源，文史知識，1988（2）

2492　劉國斌，李陵《答蘇武書》眞偽辨，黃石九江電視大學學報，1989（2）

2493　胡大雷，「蘇李詩」出自代言體說，柳州師專學報，1994（3）
　　　【解題】通過漢魏文人代人立言風氣的梳辨，指出漢代李陵、蘇武詩係東漢末年文人代言。

2494　躍進，有關《文選》「蘇李詩」若干問題的考察，文學遺產，1996（2）
　　　【解題】駁斥「庾信偽作」說，認爲《文選》中所收的七首「蘇詩」早在庾信之前即在世間流傳，材料累累，斑斑可考，毋庸置疑。

2495　劉躍進，蘇李詩文辨偽，中古文學文獻學，南京：江蘇古籍出版社，
　　　1997
　　　【解題】見《中古文學文獻學》第五章第一節。

2496　王清淮，蘇李詩文辯難，四川師大學報，1998（2）
　　　【解題】至劉宋始，不時有人認爲蘇李詩爲偽作。今總其詰難，約有五：一曰西京不主五言，二曰詩多夫妻燕婉語，三曰「盈」字觸漢諱，四曰「中州」爲東京人語，五曰漢與匈奴不隔山海。該文一一辯駁，認爲蘇李詩文非偽。

2497　章培恒、劉駿，關於李陵《與蘇武詩》及《答蘇武書》的眞偽問題，
　　　復旦學報，1998（2）
　　　【解題】《文選》所收《與蘇武詩》及《答蘇武書》是我國文學史上的重要作品，但因曾有人懷疑它們的作者不是李陵，建國後所出的《中國文學史》都不予承認，甚或根本不提。該文對它們的眞偽問題重加考辨，認爲判定它們爲後人擬作或假託的證據都不能成立。

2498　王琳，李陵《答蘇武書》的眞偽，山東師範大學學報，2006（3）
　　　【解題】漢魏六朝書信體文章中，與《答蘇武書》文風相似的作品在漢末魏晉時期才較多湧現，作爲一個在《漢書》本傳記載中僅能撰作質樸楚歌歌辭的武士，李陵不可能寫出情采並茂的書信，《答蘇武書》當係漢末魏晉人擬託之作。六朝人論文、選文大力標榜「情采」，自漢至梁同情李陵的聲音綿

綿不絕，是《答蘇武書》在六朝及後世受到注重的主要原因。

2499　范春義，《李少卿答蘇武書》眞僞考略，古典文獻研究，2006

　　【解題】《李少卿答蘇武書》首見於《文選》卷四一，迄唐劉知幾就其眞僞問題提出疑問，後蘇軾接受是説並廣衍之；受疑古觀念影響，《李少卿答蘇武書》爲僞文説被大家廣泛接受；近年亦有部分學者提出反證。結論：《李少卿答蘇武書》爲僞説成立，其當產生於公元前54年之後，其下限，由於材料所限，尚難有比較確切的答案。

2500　劉國斌，《答蘇武書》的幾則證僞材料及其辨析，學習月刊，2008（20）

2501　武平英，「蘇李詩」眞僞研究綜述與辨析，學理論，2010（29）

　　【解題】目前在沒有新的文獻資料證明的情況下，《文選》中所選的「蘇、李詩」是不能輕易否定的。

2502　陳小韋，「若有知音賞，不辭唱遍陽春」——「蘇李詩」研究，浙江大學碩士學位論文，2011

2503　劉國斌，關於李陵《答蘇武書》的討論與判斷，湖北師範學院學報，2011（5）

　　【解題】歷來認爲李陵《答蘇武書》是後人僞託，但在具體的討論中，諸家的說法又存在著明顯的牴牾衝突之處，懸想頗多而缺乏實際證據。結論：就文風而言，李陵離開西京正值文辭燦爛的時代，行文當然沾染了西京文風；就作僞時代而言，魏晉南北朝時代、東漢末年以及班固時代均不具備《答蘇武書》的僞作土壤；同時，不能以班固《漢書》不保存這篇文章爲理由來認定它的僞作。唐初修史之風引發的史學評論、古籍整理和古典辨僞，過分地依賴早期史籍經典，帶有明顯的辨僞擴大化傾向，並以此流傳，這是導致《答蘇武書》被認爲僞書的一個主要因素。

2504　丁宏武，李陵《答蘇武書》眞僞再探討，寧夏大學學報，2012（2）

　　【解題】《文選》卷四十一所收《答蘇武書》應爲李陵的可信之作，其具體作時在漢昭帝始元六年（前81年）九月。作爲特殊情境下的特定產物，此信不僅全面展示了李陵晚年矛盾糾結的悲傷情懷，而且深刻體現了漢代非主流文學的精神訴求，對於深入瞭解漢匈文化交融背景下李陵的文學風格以及漢武帝時期的士人心態有重要的文獻價值。

2505　孫尙勇，論蘇李詩文的形成機制與產生年代——兼及《漢書・蘇武李陵傳》的成篇問題，文藝研究，2012（3）

　　【解題】結合敦煌遺書所見與蘇武、李陵相關的寫本文獻，參考前人的研究，認爲蘇李詩與傳世蘇李書信文一樣，最早都是依託於某一敷衍蘇武、李陵故事的表演藝術節目。這些作品在流傳過程中，脫離了蘇李故事而得以寫定，於是出現後來的蘇李詩。唯其如此，傳世蘇李詩文在文本上表現出來的諸多疑問才能夠得到合理的解釋。通過對蘇李書信文的進一步分析，可以推測，蘇李詩和蘇李書信文所依託的蘇李故事產生於西漢末年，《漢書・蘇武李陵傳》的成篇當與此故事之流行相關。

2506　木齋，論蘇李詩應主要爲曹植甄后送行別離之作，鄭州大學學報，2013（5）

　　【解題】曹操於建安二十五年正月死於洛陽，曹植在二十四年歲末從鄴城赴洛，所謂《蘇李詩》，應主要爲該年甄后與曹植送行於南山淇水之作；如果以曹操死前一個月的建安二十四年十二月爲研究始點，來研究曹植這一年時間的行蹤及其詩作，不僅能使曹植個人人生履歷這一段時間的空白得到彌補，更能使所謂失去作者姓名的所謂「蘇李詩」有可能的眞實背景浮出水面。

2507　丁宏武，「蘇李詩文出自民間演藝節目」說平議，西北師大學報，2016（2）

　　【解題】《文選》等載錄的蘇李詩文眞僞混雜，非一時一地之作，探討其形成機制和產生年代，必須具體作品具體分析，不可混爲一談。稽諸史籍，漢魏兩晉時期沒有敷衍李陵事蹟的民間故事或演藝節目的任何記載，孫尙勇先生提出的「蘇李詩文皆附屬於某一敷衍蘇李故事的演藝節目」、「其編創者出於民間」、「其產生年代在西漢後期」等論斷，值得商榷和反思。

古詩十九首

2508　梁啓超，《古詩十九首》之研究，實學，1926（2）

2509　賀楊靈，《古詩十九首》之研究，上海：光華書局，1927

　　【解題】分「《古詩十九首》的作者問題」、「《古詩十九首》所著之時代考」、「《古詩十九首》藝術上的鑒賞」、「《古詩十九首》與各家之擬作」四部分。

2510　隋樹森，《古詩十九首》考證，古詩十九首集釋，上海：中華書局，1932

【解題】《古詩十九首》中固多是東漢的篇什，但卻也不能說其中絕對沒有西漢的產物。

2511　陳開瑀，《古詩十九首》研究，大夏學報，1933（24）

2512　胡懷琛，《古詩十九首》志疑，學術世界，1935（4）

2513　包笠山，讀《古詩十九首》考證，青年學術研究會季刊，1936（1）

2514　盧重華，《古詩十九首》之研究，民鐘季刊，1936（2）

2515　徐冰冷，《古詩十九首》考，河南大學校刊，1936（133〜134）

2516　潘聖予，《古詩十九首》論證，進德月刊，1937（5〜6）

2517　羅根澤，《古詩十九首》之作者及年代，讀書通訊，1941（31）

2518　鄧茂元，《古詩十九首》的作者和時代，古詩十九首探索，北京：作家
　　　出版社，1957

2519　葉嘉瑩，談《古詩十九首》之時代問題——兼論李善注之三點錯誤，
　　　現代學苑，1965（4）

2520　李炳海，《古詩十九首》寫作年代考，東北師大學報，1987（1）
　　　【解題】《古詩十九首》的寫作年代應在公元 140 年到 160 年這二十年
　　中，寫於後十年的可能性更大。

2521　張茹倩等，《古詩十九首》創作時代新探，貴州民族學院學報，1990（4）

2522　趙敏俐，論班固的詠史詩和文人五言詩的發展成熟問題——兼談當代
　　　五言詩研究中流行的一種錯誤觀點，北方論叢，1994（1）
　　　【解題】關於文人五言詩成熟的時代問題，幾十年來在文學史研究中有
　　一種觀點已成定論。該文對這種觀點的依據重新考察辯析，提出文人五言詩
　　的成熟應在東漢初年。當代研究者多引鍾嶸《詩品序》中一段話為主論依據，
　　其實鍾嶸並沒有文人五言詩到班固時代而不成熟的看法，他說班固《詠史詩》
　　「質木無文」是他對班固詩風的批評，並不涉及五言詩是否成熟的問題；班
　　固的《詠史詩》從用的、內容表現、體裁方面看實際已很熟練，其寫的「質
　　本無文」，與他的文學觀念有關。要探討漢代文人五言詩成熟問題，關鍵在於
　　弄清西漢文人五言詩的創作情況。

2523　木齋，初論《古詩十九首》產生在建安曹魏時代——從五言詩形成歷
　　　程角度的探尋，山西大學學報，2005（2）
　　　【解題】五言詩成熟的標誌主要有：（1）實現由散文體的五字詩向五言

音步的五言詩的轉型；（2）實現由言志詩向抒情詩的轉型；（3）其特質是「指事造形，窮情寫物」；（4）五言詩作者的群體寫作和相當數量的成熟五言詩作品。秦嘉的五言詩是兩漢五言詩中的特例，其中疑點頗多，古詩十九首的產生應在建安曹魏時代。

2524 吳金香，《古詩十九首》寫作年代研究綜述，株洲師範高等專科學校學報，2005（4）

2525 木齋，略論《古詩十九首》的產生時間和作者階層，山西大學學報，2005（4）

【解題】《古詩十九首》應是建安十六年（211年）至魏明帝景初年間（約239年）之間的作品，其作者不可能是東漢下層文人。

2526 木齋，《古詩十九首》「東漢」說質疑，中華文化論壇，2006（2）

【解題】《古詩十九首》的產生時間，古人主要爲建安說和西漢說，現當代以來才漸次形成東漢說這第三種說法。西漢說之衰落，是東漢說與建安說合力的結果；在西漢說被徹底否定之後，學術界才有可能開始進行東漢說和建安說這一細緻的辨析。西漢說質疑的十九首中有使用非太初曆的問題，在建安曹魏說中反而可以得到圓通；五言詩體的成立，在建安、黃初之間，作爲五言詩冠冕的十九首，應該是建安、黃初及其之後的作品。

2527 木齋，論《古詩十九首》與曹植的關係——兼論《涉江採芙蓉》爲曹植建安十七年作，社會科學研究，2009（4）

【解題】《古詩十九首》是曹叡於景初中對曹植文集「撰錄」的結果。曹、甄之愛，發生於建安十六年（211）暑期，寫於建安十七年七月的《離思賦》，爲曹植之思甄之作；《涉江採芙蓉》爲曹植於建安十七年十月隨父出征孫權時於長江北岸所作，與曹植《離友·其二》爲同一主題的不同體裁之作。翌年正月從江邊歸程中寫作的《朔風詩》，再次證明了《涉江採芙蓉》爲曹植思甄之作。

2528 傅璇琮，《古詩十九首》研究的首次系統梳理和突破——評木齋的漢魏五言詩研究，山西大學學報，2009（2）

2529 歐明俊，《古詩十九首》百年研究之總檢討，社會科學研究，2009（4）

【解題】應改變視「十九首」爲「漢詩」、爲「組詩」的思維定勢，將

其置於詩歌發展史大背景下考察；「十九首」只是漢魏詩歌中的一小部分，其題材、主題、語言、風格、手法等，多與漢魏時其他詩歌相同相似，應一起比較，論定其史的地位。

2530　趙東栓、孫少華，《古詩十九首》的時代作者與文體來源，中國社會科學院研究生院學報，2010（2）

【解題】《古詩十九首》應爲分隔南北兩地的夫妻唱和之作，時間大致在王莽地皇三年（公元 22 年）孟冬至更始三年（公元 25 年）孟冬之間；《古詩十九首》成篇時代較晚，曾受到騷體、賦體、甚至枚乘、蘇李等詩的影響，是有可能的；但其體出於《詩經》，較爲可信。

2531　歐明俊，《古詩十九首》作者、作年問題再檢討，中國社會科學報，2010，3，20

2532　袁濟喜，「說詩者，不以文害辭，不以辭害志」——木齋先生《古詩十九首》主要作者爲曹植說商兌，中國文化研究，2013（4）

【解題】分別就曹植與甄后「隱情」、魏明帝重編《曹植集》與《古詩十九首》之關係以及應該如何認識《古詩十九首》作者問題，對木齋《論〈古詩十九首〉與曹植的關係》一文中相應觀點展開批評。

2533　于國華，漢靈帝時代能否產生《古詩十九首》——以蔡邕爲中心，瓊州學院學報，2014（1）

【解題】蔡邕是漢靈帝時代文壇最具代表性的人物，他對鴻都門學的批判，表明當時的創作環境仍處於經學籠罩時期，不可能產生個人體驗爲中心的文人詩。作爲當時文學創作最高水平的代表，蔡邕自身的詩歌創作並未達到《古詩十九首》的成就。同時，假設《古詩十九首》產生於漢靈帝時代，詩歌作者不可能遺失姓名，因此直至漢靈帝時代都不可能產生《古詩十九首》。

2534　張麗鋒，《古詩十九首》作者身份分析，石家莊學院學報，2014（4）

【解題】《古詩十九首》多採用通過身體的生理感受來表達內心情感的寫作方式，女主人公多爲倡者身份，居江南一帶，遊子多爲活動在洛陽不得志的士人；從二者彼此的暢通聯繫看，作品創作時間爲漢靈帝時期；此期的京城能夠符合遊子身份的，唯有出身寒族、憑藉大量帶有民間文學氣息的以「辭賦」入仕的數量眾多的鴻都門學士；《古詩十九首》作者推定爲鴻都門學

士，這可從其流傳中爲清流世族所否定、詆毀而導致作品與作者分離，以及戰亂導致其作品遺失方面得到印證。

2535　董宏鈺，《昭明文選》所收曹植五言詩與《古詩十九首》韻律對比——對木齋先生關於《古詩十九首》作者問題的音韻學考證，江西師範大學學報，2015（5）

【解題】以《魏晉南北朝韻部演變研究》和《廣韻》爲參照，將《文選》所收曹植22首五言詩和《古詩十九首》從語音系統和韻律的角度考察用韻情況，歸納出每一個韻腳字的音韻地位，清理出二者之間的聯繫，考察其是否都具有漢魏之際的語言特徵，用韻特點是否相似等，來具體論證《古詩十九首》的寫作年代、曹植五言詩與《古詩十九首》有何種關聯等有關五言詩起源與發展的問題。

文選

2536　許世瑛，《長門賦》眞僞辨，中德學刊，1944（1～2）

2537　許世瑛，司馬相如與《長門賦》，學術季刊，1957（2）

2538　簡宗梧，《長門賦》辯證，大陸雜誌，1973（2）

【解題】《長門賦》爲司馬相如所作，但賦序爲後人依託。

2539　費振剛，《長門賦》出現的意義——兼論其非託名之作及其他，光明日報，1982

2540　力之，《長門賦》之作者考辨，欽州學刊，1998（2）

【解題】懷疑《長門賦》爲司馬相如作之理由主要有二：（一）陸厥已說「《長門》《上林》殆非一家之賦」；（二）司馬相如先於漢武帝死，而賦序開篇即說「孝武皇帝」。不過，據陸厥原文分析，「殆非」所說，本意爲一家兩賦，風格大異，幾乎看不出原爲同出；而對《文選》所錄作品序文的情況進行研究，知《長門賦序》非司馬相如作。

2541　孟彥，《長門賦》確係司馬相如所作，中華文化論壇，1999（3）

2542　龍文玲，《長門賦》作者與作年，文學遺產，2007（5）

【解題】《長門賦》的創作時間，不在元光五年陳皇后被廢之後，而是在建元六年相如入京不久，陳皇后被疏之初，衛子夫得寵未盛之時。

2543　畢庶春，《〈長門賦〉作者與作年》獻疑，文學遺產，2010（1）

2544　蔣曉光，《長門賦》新論，古典文學知識，2011（5）

【解題】《長門賦》非爲陳皇后作；《長門賦》當作於司馬相如晚年由「尤爲親幸」、「内定制度」的郎官遷爲「案行掃除」的孝文園令任上。

2545　熊偉業，《長門賦》眞僞新論，廣西社會科學，2012（7）

【解題】《長門賦》當作於司馬相如爲孝文園令之後，以陳皇后爲藍本，抒發離宮宮人之憂。賦文内容不違背西漢史實，構思樸拙，文辭古奧，押韻也合乎西漢和司馬相如文章辭賦押韻規律，現有論據不足以否定司馬相如的著作權。

2546　力之，《文選》所錄駢文名篇《六代論》之作者辨疑——兼論曹囧假託《六代論》於曹植說不足信，河南師範大學學報，2016（2）

【解題】昭明太子錄《六代論》而署名「曹元首」沒有問題，何焯之曹植作說則似密而實疏。從研究方法的層面上看，其最大的問題是忽乎辨別「虛」「實」之輕重。以「元首不以文章名世，安得宏偉至此」爲證明作者的關鍵，未免過虛之嫌。劉盼遂先生之捍何說，以謝翱《西臺慟哭記》内隱作者「危心遁辭」證《六代論》說及曹植身後事亦如此，乃百密一疏，失之更遠。曹志說曹同「以先王文高名著」而假託之，不足爲信。學者以此作爲古人假託之例，未達一間。

2547　力之，《與嵇茂齊書》非呂安作辨及辨之方法問題——《文選》所錄駢文名篇作者考辨之二，中山大學學報，2017（6）

【解題】破解《與嵇茂齊書》到底爲誰所作這一難題，就今存文獻言，關鍵在研究方法上。首先，影響這一研究的因素主要有四個方面：一是，「今上」十分瞭解嵇康何以被誅；二是，嵇康被誅之「可告人」者幾天下讀書人知之；三是，嵇紹無法改變其父被誅之性質；四是，干寶說產生於「時人誤謂」後。此中，尤以前二者最爲關鍵。其次，需將干寶說與嵇紹說作全面之觀照。由此得出結論：嵇紹之「趙景眞《與從兄茂齊書》，而時人誤謂呂仲悌與先君書」說可信；而干寶說乃輕信「誤謂」者所致，公孫羅、李周翰等以干寶說爲是者，則是越說越似，卻越偏離眞相。

玉臺新詠考異

2548　雋雪豔，《玉臺新詠考異》爲紀昀所作，文史（第二十六輯），1986

2549　張蕾，「《玉臺新詠考異》爲紀昀所作」說補遺，文獻，2008（2）

其他

2550　楊勝寬，《全唐詩外編》所收沈亞之逸詩逸句的眞僞問題，社會科學，
　　　1986（3）

【解題】《沈警》一篇不是沈亞之的作品，《全唐詩補逸》所收入的逸詩
逸句，是名實不符、似是而非的。

2551　胡可先，《全唐詩外編》辨僞，貴州文史叢刊，1988（3）

【解題】該文考證《全唐詩續補遺》中詩篇僞作。

2552　費君清，論《江湖小集》非陳刻《江湖集》，文學遺產，1989（4）

【解題】從四個方面論證《江湖小集》與《江湖集》是兩本不同的著作：
（1）從詩集內容看，《江湖小集》常不見《江湖集》中的作品；（2）從詩集
序跋或寫作的時間看，《江湖小集》中不少詩集要比《江湖集》所收的爲晚；
（3）從詩人的取捨看，《江湖小集》與《江湖集》也不甚一致；（4）從編刻
者和卷峽上看，《江湖小集》也與《江湖集》不符。

2553　吳豔玲，汲古閣一卷本《宋遺民錄》僞書考，紹興文理學院學報，2004
　　　（2）

【解題】明末汲古閣刊一卷本《宋遺民錄》，先後兩次爲《四庫提要》
所著錄。從文字內容和刻印版式來看，乃從嘉靖初刊刻程敏政編十五卷本《宋
遺民錄》胡亂摘割接湊而來，純係僞書，並非明初何人所撰，考察歷史上一
代遺民事蹟撰錄之始，不能以此爲據。

2554　王書才，梁章鉅對《文選旁證》的著作權難以否定，甘肅社會科學，
　　　2005（3）

【解題】《文選旁證》一書屢有否定梁章鉅自撰的說法；一些學者認爲
原撰者爲程同文或陳壽祺。首先依據程、陳二人傳記資料及其學術取向，論
述二人不可能撰寫此書；然後又依據該書梁氏《自序》言其幼承家傳選學之
語和文中多處引錄其父、其叔父關於《文選》校勘訓詁的條目內容等，論證
該書撰者非梁章鉅莫屬，他人假稱不得。

2555　李永賢，《文選旁證》著者考辨，中州學刊，2006（4）

2556　王曉東，潘岳賦作辨僞，北京教育學院學報，2007（1）

【解題】嚴可均《全晉文》所輯錄的潘岳賦作中，《河陽庭前安石榴賦》

竄入了潘尼《安石榴賦》中的文字，《秋菊賦》與《朝菌賦並序》亦出自潘尼之手；至於《寒賦》一則，實爲《寡婦賦》中文字；程章燦《先唐賦輯補》所輯潘岳賦三題四則，也存在著誤輯或出處紕繆的問題。

2557　王輝斌，建安七子作品辨僞，阜陽師範學院學報，2008（1）

　　【解題】以中華書局 2005 年版俞紹初《建安七子集》爲底本，對存在於建安七子作品中的有關僞作，進行了逐一考察與甄別。同時，還以「辨正」的形式，對《建安七子集》中的有關作品所存在的詩題或文題等方面的問題，擇其要者，對其進行了辨訂，以利於參考。

2558　陸林，《文章辨體匯選》《四庫提要》辨誤——兼論「施伯雨」撰《水滸傳自序》的來源，文學遺產，2008（3）

　　【解題】《四庫全書總目》對《文章辨體匯選》編選者賀復徵的生平、家世缺乏瞭解，有關《提要》多有不當之處；復徵自撰文所涉「先憲副」和「先宮保」，是指其父納賢和同宗叔伯世壽，並非如《四庫提要》所云「官階、年月俱不相合」者。《提要》所謂該書收錄範圍「下逮明末」之說，亦不足信。根據賀世壽的卒年，可證明《文章辨體匯選》遲在順治八年（1551）尚未成書，應視爲清代著述。此書序文「詞曲類」收錄的「元施伯雨」撰《水滸傳自序》，根據現有史料分析，應源自《第五才子書》所收落款「東都施耐庵」的「貫華堂所藏古本」的「自有序」，「伯雨」當屬編者杜撰之名。賀復徵將李贄著名的《雜說》一文先後取名《序拜月西廂傳》和《論曲》，分別收入序文和雜文兩類，也大大降低了其學術嚴謹性和分類科學性的公信度。

2559　王小婷，《文選旁證》著作權問題之爭，東嶽論壇，2009（7）

2560　張佳，《唐百家詩選》著作權爭議的袪蔽與坐實——《唐百家詩選》的編選者「非爲王安石而是宋敏求」考辨，江南大學學報，2011（2）

　　【解題】《唐百家詩選》究竟是王安石還是宋敏求編選的，一直以來眾說紛紜，而把它的著作權歸爲王安石基本上已成爲「定論」和主流觀點。以新發現的一則材料，即與宋敏求同稱「熙寧三舍人」的蘇頌元豐二年（1079）給宋敏求寫的一篇《龍圖閣直學士修國史宋公神道碑》爲直接依據，對捆綁在這種著作權爭議問題上的各種宋代證據一一剖析，認爲這個選本的著作權重新還給宋敏求。

2561　劉興超，皮日休《襄州孔子廟學記》辨偽，欽州學院學報，2011（5）

【解題】《襄州孔子廟學記》實為中唐程浩所作。

2562　殷祝勝，舊題李攀龍《唐詩選》真偽問題再考辨，河南師範大學學報，
2013（1）

【解題】舊題李攀龍《唐詩選》一書真偽問題，國內學界大體認可《四庫提要》的說法，以此書為明末坊賈所偽託；日本學界則大體接受森瀨壽三的說法，以此書確出李攀龍之手，凌濛初在《唐詩廣選序》中提出，此書乃王世貞家的「館客某者」從王氏攜歸的李攀龍《古今詩刪》原稿中的唐詩部分摘抄而成的偽書。作者考察現存相關文獻，認為：後一說的史源最為直接，可以較為圓滿地解釋《唐詩選》的內容，牴牾最少，最為近真相的。

2563　李傑榮，《全元文》所收趙孟頫《跋所臨馬和之毛詩圖》辨偽，古籍整理研究學刊，2013（3）

【解題】《全元文》所收趙孟頫《跋所臨馬和之毛詩圖》，據款識可判定其偽文；這篇偽文是將陸師道為張鳳翼所藏馬和之《邶風七篇圖冊》所題的畫跋，改頭換尾，生硬地拼湊成文的。

2564　羅爭鳴，中唐黨爭與文壇風尚：《毛仙翁贈行詩》的真偽、價值及相關問題考論，雲南大學學報，2013（4）

【解題】《毛仙翁贈行詩》是一部小型詩集，涉及韓愈、白居易、元稹、牛僧孺等中晚唐 22 位重要作者，關涉問題極廣。詩集內容為杜光庭偽造的可能性不大，纂集者也不是杜光庭，杜只是在集後綴寫了一篇《毛先翁傳》；詩集是否偽託，難有定論；該集很可能纂輯於晚唐五代，但可以肯定，至遲在北宋初已開始流行，有重要的文獻價值。

2565　蕭楚敏，建安七子詩辨偽述略，語文學刊，2014（19）

【解題】依據俞紹初編《建安七子集》，結合眾多學者的研究，簡敘並討論建安七子詩的辨偽狀況，其中阮瑀《琴歌》和《詩淵》中王粲的兩首逸詩可以確定非其所作，其餘五首均缺乏足夠證據，存疑。

別集類

後出師表

2566　謝宮禮,《後出師表》辨僞,現代文學,1933（1）

2567　郭挺之,漫談諸葛亮《後出師表》的眞實性,湘潭師範學院學報,1980
　　　（1）

　　　【解題】前後兩《出師表》和盤托出諸葛亮的政治和戰略思想,相互貫
通,又各有重點,無疑都是諸葛亮的作品。

2568　王秀芝,《後出師表》眞僞辨,臺北師專學報,1980（8）

2569　馬植傑,《後出師表》的作者問題,文史,1983（17）

　　　【解題】《後出師表》絕非諸葛亮所作。

2570　龐懷清,論《後出師表》非作僞,人文雜誌,1983（2）

　　　【解題】《後出師表》中有些內容涉及到軍情機密（如「今賊適疲於西,
又務於東,兵法乘勞,此進趨之時也」;「喪趙雲……等……七十餘人……散
騎、武騎一千餘人,若複數年,則損三分之二也」;「今民窮兵疲,而事不可
息」等）,顯然不宜公開宣佈,所以當世人不易見到原件。待到後來流傳出來
的文本,由於輾轉傳抄（或口傳默寫）就難免錯訛。後人在傳抄轉載時,對
原件作過某些增刪改易的情況,也不是沒有可能的。儘管如此,還是應該肯
定諸葛亮是《後出師表》的原作者,並非僞託之作。

2571　貫井正,論《後出師表》應係諸葛亮所作,晉陽學刊,2001（2）

　　　【解題】對於《後出師表》,自清朝以來有部分史學家認爲其風格與語
調都與前表有較大差異,所以不是諸葛亮所作,而是他人僞作。對其內容及
產生背景進行了研究分析,並通過查閱歷史文獻,參考前輩學者專家的研究
成果,《後出師表》確爲諸葛亮所作。

2572　卿三祥,《後出師表》眞僞考釋,成都大學學報,2007（6）

　　　【解題】《後出師表》雖不載於《諸葛亮傳》,但見於《諸葛恪傳》;《後
出師表》不是張儼、諸葛恪僞造;《後出師表》用語與諸葛亮習慣用語符合;
《後出師表》立意與諸葛亮行爲一致。結論:《後出師表》是諸葛亮的作品。

2573　黃瑞雲,《後出師表》非諸葛亮所作,職大學報,2008（2）

【解題】所謂《後出師表》,《諸葛亮傳》和《諸葛亮集》不載,許多內容與史實不符,文辭格調與《前出師表》不類,足證此表不是諸葛亮所作,而屬於他人創作的藝術作品。

2574　劉慧儒,《後出師表》的尷尬,讀書,2009(9)

【解題】《後出師表》與諸葛亮的伐魏可謂有異曲同工之妙,內裏藏著不可道破的玄機。從這點看,此表也許誠為諸葛亮所寫;若係偽作,則作者對諸葛亮的尷尬處境和內心活動把握之準,令人歎絕。

2575　趙熠,《後出師表》真偽之我見,黑河學刊,2012(2)

【解題】就能查閱到的資料來分析,《後出師表》應係他人偽作,並非真正出自諸葛亮之筆。

2576　劉莉莉,20世紀以來《後出師表》真偽論爭述評,金陵科技學院學報,2012(2)

【解題】根據不同的論爭點如《後出師表》的出處問題、感情基調與用語問題、涉及的歷史人物等提出自己的觀點,即《後出師表》確實出自諸葛亮之手。

柏梁臺詩

2577　王榮曾,《柏梁臺詩》真偽及其擬託時代之推測,大夏,1935(9)

2578　逯欽立,《柏梁臺詩》辨,現代學報,1947(4～5)

2579　游國恩,《柏梁臺詩》考證,國學季刊,1950(1);游國恩學術論文集,北京:中華書局,1989

2580　丁邦新,從音韻論《柏梁臺詩》的著作年代,「總統」蔣公逝世週年紀念論文集(「中央研究院」編),1976;中國語言學論文集,中華書局,2008

2581　陳直,漢詩真偽問題,文史考古論集,天津:天津古籍出版社,1988

2582　劉躍進,《柏梁臺詩》真偽,中古文學文獻學,南京:江蘇古籍出版社,1997

2583　王暉,《柏梁臺詩》真偽考辨,文學遺產,2006(1)

【解題】從《柏梁臺詩》的用韻字、詩句排序看,《柏梁臺詩》可以肯定是西漢時代的作品;從《柏梁臺詩》詩句所附的官職、作者及詩句內容等

情況來看《柏梁臺詩》就是漢武帝時代所作，絕非僞作。

2584　孫正軍，《柏梁臺詩》成篇時間新論——基於文本出處和官職描述的綜
　　　合考察，中華文史論叢，2018（2）

　　　【解題】《柏梁臺詩》是中國古代詩歌史上的名篇，長期以來被視爲七
言詩或聯句詩之始，不過其成篇時間卻仍存爭議。通過辨析《柏梁臺詩》最
早出處的《東方朔別傳》與《漢書·東方朔傳》及東方朔故事流傳的關係，
指出《別傳》雖非《漢書》藍本，但其成書卻不晚及東漢，由此確認《柏梁
臺詩》成於東漢之前。進而以《柏梁臺詩》中若干「另類」敘述爲線索，推
測《柏梁臺詩》並非如序文所說作於西漢武帝元封三年（前 108），而是成篇
於平帝元始五年（5）以後，七言詩體的發展爲此提供了文體背景。

蔡琰《悲憤詩》

2585　張少弓，蔡琰《悲憤詩》辨僞，東方雜誌，1945（7）

2586　余冠英，論蔡琰《悲憤詩》，漢魏六朝詩論論叢，上海：棠棣出版社，
　　　1952

2587　宋升，關於蔡文姬《悲憤詩》的眞僞問題，山西師範學院學報，1957
　　　（2）

2588　張少康，蔡琰《悲憤詩》本事質疑，文史哲，1958（3）

2589　張舜徽，從曹操問題談起兼論《悲憤詩》、《胡笳十八拍》的眞僞，長
　　　江日報，1959，6，29

2590　葉慶炳，蔡琰《悲憤詩》二首都是眞的，有關中國文學史的一些問題，
　　　聯合報，1972.4.28～30

2591　蘇者聰，蔡文姬和她的《悲憤詩》，長江日報，1979，6，23

2592　黎洪聲，蔡文姬和她的《悲憤詩》，紫琅，1979（5）

2593　戴君仁，蔡琰《悲憤詩》考證，戴靜山先生全集（第三冊），臺北：戴
　　　顧志鶴印行，1980

2594　蔡義江，史載蔡琰《悲憤詩》是晉宋人的擬作，北方論叢，1983（6）

2595　丁三省，蔡琰《悲憤詩》新探兼與蔡義江同志商榷，信陽師範學院學
　　　報，1985（4）

2596　劉文忠，蔡琰《悲憤詩》二首的眞僞及其寫作年代新考，古典文學論
　　　叢（第 4 輯），濟南：齊魯書社，1986

2597 張炳森，亦說五言《悲憤詩》非爲蔡琰作，河北大學學報，1990（4）

【解題】《悲憤詩》是否爲蔡琰作，自蘇東坡提出否定意見後，學者或肯定或否定，一直爭論了幾百年。經過數百年的爭論，迄今，除個別學者外，多數學者意見已基本趨於一致，即認爲五言《悲憤詩》爲蔡琰作，騷體《悲憤詩》非蔡琰作。結論：騷體《悲憤詩》非蔡琰作，五言《悲憤詩》亦非蔡琰作。

2598 張曉兵，《悲憤詩》的寫作時代考，聊城師院學報，1994（4）

2599 王寄瀛，捨彼其誰？——論蔡琰名下五言《悲憤詩》兼向宇文教授所安請益，瓊州學院學報，2015（1）

【解題】第一部分以回應美國漢學家宇文所安對五言《悲憤詩》作者身份的質疑爲重點，第二部分將在第一部分的基礎上從內容、主題、韻部等幾個方面加以討論，再將其和丁廙《蔡伯喈女賦》進行比對，認爲五言《悲憤詩》確爲蔡琰作。

李白

2600 吳徵鑄，李白《菩薩蠻》《憶秦娥》詞考，斯文，1940（2）

2601 詹瑛，李白《菩薩蠻》《憶秦娥》詞辨僞，眞理雜誌，1944（1）

2602 詹瑛，李詩辨僞，東方雜誌，1945（41）

2603 唐圭璋，論李白《菩薩蠻》《憶秦娥》詞，中國文學，1945（5）

2604 楊憲益，李白與菩薩蠻，新中華，1945（10）

2605 俞平伯，今傳李太白詞的眞僞問題，文學研究，1957（1）

【解題】《菩薩蠻》《憶秦娥》二詞並非李白所作。

2606 張琬，《菩薩蠻》及其相關之諸問題，大陸雜誌，1960（1～3）

2607 楊胤宗，李白《菩薩蠻》《憶秦娥》考，大陸雜誌，1960（12）

2608 詹瑛，李白作品辨僞，李白詩論叢，香港：文苑書屋，1962

2609 吳企明，試論李白詩的考辨工作，江蘇師院學報，1978（2）

2610 吳企明，論李白《別內赴徵三首》的眞僞問題，江蘇師院學報，1979（4）

【解題】《別內赴徵三首》既不是李白應詔入京時的作品，也不是李白下廬山從軍時的作品；它們是李白集中的僞詩，或爲好事者所僞託，或爲他人詩誤入。

2611　黃瑞雲，李白三首詩的繫年及眞僞考辨，四川大學學報，1980（1）

2612　吳企明，李白《清平調》詞三首辨僞，文學遺產，1980（3）

【解題】韋叡《松窗錄》記李白撰《清平調》詞一事，謬悖史實、樂理，事僞，詞亦僞；《清平調》三首，實出自小說家韋叡之手而託名李白。

2613　吳孟復，關於李白詞兩首的眞僞問題，安徽大學學報，1980（3）

2614　郁賢皓，黃錫珪《李太白年譜》附錄三文辨僞，學林漫錄初集，北京：
　　　中華書局，1980

2615　吳企明，《草書歌行》是李白寫的嗎，江蘇師院學報，1980（1）

2616　吳企明，《論文苑英華》中的李白詩，文學評論，1981（2）

2617　李廷先，李白《清平調》詞三首辨僞商榷，文學遺產，1981（4）

【解題】韋叡《松窗錄》所記李白進《清平調》詞三首一事，是可信的，事不僞，詞亦不僞。

2618　黃剛，李白兩首詞眞僞之我見，浙江師範學院學報，1982（2）

2619　羅元貞，李白《菩薩蠻》《憶秦娥》詞是僞作，晉陽學刊，1984（5）

2620　聞元馨，李白詞二首的眞僞問題討論綜述，溫江師專學報，1985（2）

2621　劉繼才，李白作《菩薩蠻》《憶秦娥》新證，遼寧師範大學學報，1985
　　　（5）

2622　周泳先，李白《憶秦娥》詞的作者及本事說，詞學，1986（5）

2623　安旗，李白詞二首之我見，西北大學學報，1987（1）

2624　劉友竹，《僧伽歌》非僞作辨，天府新論，1987（5）

2625　胡迎建，李白一首佚詩辨僞，文獻，1988（3）

2626　黃翼，李白二詞「非僞託」說訂補，汕頭大學學報，1988（3）

2627　詹瑛，《李太白詩集》嚴羽評點辨僞，河北師院學報，1988（4）

2628　陶敏，李白《送賀監歸四明應制》詩爲僞作，李白學刊，1989（2）

2629　吳企明，李白詞辯證稿，李白學刊（第二輯），1989

2630　何世華，李白詞的眞僞及其成就，中國文學研究，1989（4）

2631　章尚正，李白詞眞僞問題研究綜述，文史知識，1990（2）

2632　劉崇德，李白《猛虎行》《草書歌行》新考，文學遺產，1992（3）

【解題】《猛虎行》是李白至德元年於溧陽酒樓宴別楚人張旭時所作，《草書歌行》是李白乾元二年於零陵作。

2633　啓功,「太白仙詩」辨偽,傳統文化與現代化,1996(2)

2634　何林天,李白詩辨偽,山西師大學報,1997(1)

2635　郁賢皓、尹楚斌,李白詩的輯佚與辨偽,唐研究(第三卷),北京:北京大學出版社,1997

2636　郁賢皓、尹楚彬,漫議李白詩的輯佚與辨偽,唐代文學研究,1998,10,31

2637　羅漫,從幾種新證據看李白《菩薩蠻》詞的眞實性,唐代文學研究,2002

2638　吳豔玲,《菩薩蠻》詞是否爲李白作,紹興文理學院學報,2003(2)
　　　　【解題】「菩薩蠻」詞牌出現於李白身後,詞成熟於中唐,李白作品早期版本未收錄該詞,詩人終其一生從未到過該詞首次被發現的公共場所——「鼎州滄水驛樓」,該詞所呈現的「氣象」亦與李白的個性及其詩歌的藝術風格相去甚遠,因此《菩薩蠻》(平林漠漠煙如織)不是李白的作品。

2639　王輝斌,李白詞眞偽證說,襄樊學院學報,2003(6)
　　　　【解題】傳世的李白詞,除爭議頗大的《菩薩蠻》(平林漠漠煙如織)、《憶秦娥》(簫聲咽)二詞外,另外十五首詞中,只有《清平調》三首及《秋風清》爲李白所作,餘十一首雖爲詞,但皆係後人託李白之名而傳世。《清平調》三首雖屬李白的作品,但其是三首「披樂」詠唱的聲詩,而非詞;《秋風清》在宋蜀刻本《李太白文集》中,其題則爲《三五七言詩》,亦非詞。

2640　王輝斌,李白《菩薩蠻》辨偽——兼及詞的起源問題,樂山師範學院學報,2003(8)
　　　　【解題】詞的平仄聲律在盛唐時期尚未建立起來,至中唐才爲文人所重視;傳世的《菩薩蠻》(平林漠漠煙如織)一詞,並非李白所作;被目爲今雲南彝族先民的「天菩薩」,並非唐玄宗時的女蠻國人「菩薩蠻」;《湘山野錄》的記載不可信,而咸淳本《李翰林集》中的《菩薩蠻》《憶秦娥》二詞,乃後人據《湘山野錄》等所妄加;魏夫人的《菩薩蠻》三首與傳爲李白之作的《菩薩蠻》毫不相關。

2641　李子龍,李華《故翰林學士李君墓誌並序》辨偽,文學遺產,2004(2)
　　　　【解題】今存李白集載有署名李華的《故翰林學士李君墓誌並序》一文,列於碑誌之首。這是一篇偽作,始出於北宋元豐三年七月之後。理由是:(一)

李白墓元和十二年由龍山遷往青山，范傳正所撰《李公新墓碑》因李白沒有墓誌而感歎，説明原無李華所撰墓誌。（二）此墓誌稱「姑熟東南，青山北址，有唐高士李白之墓」，前二句所指正是青山李白新墓的方位，後一句既稱「有墓」，意在青山墓出現之後，故而此墓誌當在范傳正遷墓之後撰寫。（三）南宋陳振孫的「家藏本」《李翰林集》是目前所知最早收進李華墓誌的版本，此本刻於北宋末期。

2642 吳冠文，《李白〈上安州裴長史書〉考僞》質疑——兼考蜀稱「江漢」的由來，中華文史論叢，2006（3）

2643 張福慶，談李白詞及其眞僞之爭，名作欣賞，2006（7）

2644 黃冬紅，略論李白《菩薩蠻·平林漠漠煙如織》的眞僞，文教資料，2006（29）

【解題】李白《菩薩蠻·平林漠漠煙如織》一詞當屬中晚唐人所託。

2645 子娟，李白《清平調》詞三首的是是非非，文史雜誌，2009（2）

2646 木齋，論李白詞的眞實性及與敦煌曲詞的關係，詞學，2010（1）

2647 徐擁軍，李白詞眞僞考論，中國文學研究，2012（2）

【解題】今人多以《尊前集》作爲李白存詞的有力證據，然宋人所見《尊前集》並未載李白《清平樂》，也未載其《菩薩蠻》詞；從李白詞作本身來看，傳爲李白的應制的《清平樂》詞，不類應制之作的體制，用語也與當時史料不合，而且佳、灰韻合用，與李白近體詩中皆單獨使用此兩部韻的慣例不符；《菩薩蠻》詞係宋人據耳聞所得，無相關材料印證。因此今本《尊前集》所載的李白《清平樂》詞四首，《菩薩蠻》詞二首，以及最早見於明本《尊前集》的李白《連理枝》詞皆不應定爲李白所作。

2648 趙逵夫，李白《菩薩蠻》理亂，文史知識，2012（3）

2649 木齋，捨爾其誰也——李白詞眞實性驗證，陝西師範大學學報，2015（2）

【解題】從詩歌史、音樂史、詞體發生史的演變歷程，以及版本、作者背景、作品等諸多方面綜合考察，認爲李白詞可以確認爲眞實的存在。《宮中行樂詞》八首、《清平調》三首、《清平樂》四首，三組作品均爲李白在天寶二年於宮廷應制寫作，分別寫作於該年早春、仲春和暮春，在題材和寫法上順承而下，清晰顯示了詞體誕生之際的蜕變痕跡和發生歷程。《菩薩蠻》《憶

秦娥》在李白臨別宮廷的詩作中也可以一一得到對應和驗證:「玉階空佇立」,是李白「玉階生白露,夜久侵羅襪」與「結桂空佇立」的重新組合與詞體表達,玉階專指宮廷,較早見於陸機《班婕妤》;如「西風殘照,漢家陵闕」,在李白同期詩作《灞陵行送別》中字字對應。

2650　張之爲,音樂形態、寫作方式與詞體的定型——兼及李白《菩薩蠻》辨偽,雲南大學學報,2016(6)

【解題】詞律的起源是詞體發生問題的核心與重點。還原詞發生初期詞樂配合的原初狀態,可發現「詞的文本形態來源於音樂形態」這一傳統觀點有失允當。詞的寫作方式有依樂填辭、依辭寫辭兩種,這不但是樂工辭與文人辭的分野,也代表了詞體發展的兩個階段。詞獲得穩定的文體形態是在文人辭階段,高度趨向一致的詞律是在文人的重複性、摹擬性寫作中形成的,在這一過程中,文人的群體活動、知識結構起到了關鍵性作用。結論:《菩薩蠻》(平林漠漠煙如織)非李白作品,其製辭時代爲宋代。

2651　馬執斌,從風格看李白《草書歌行》決非偽作,中華讀書報,2016

【解題】中華書局 1977 年版《李太白全集》卷之八有《草書歌行》一首,是李白讚揚懷素草書創新的。北宋大文學家蘇東坡認爲,它「決非太白所作,乃唐末、五代效禪月(前蜀僧人貫休別號)而不及者,且訾其『箋麻絹素排數廂』之句,村氣可掬」。但蘇東坡沒有舉出一件令人信服的證據。

2652　王輝斌,再論《菩薩蠻》非李白作,銅仁學院學報,2017(11)

【解題】從版本學與文獻學的雙重角度來重新考察《尊前集》《湘山野錄》、宋咸淳本《李翰林集》錄載的「李白《菩薩蠻》(平林漠漠煙如織)」,結果表明,三部著作對於此詞之所收所載,均不可靠,即其均不足以證實此詞爲李白所作。明人胡應麟首倡「偽作說」,今人胡適、詹鍈等人踵武其後,其結論皆可接受材料的檢驗,所以,李白不是《菩薩蠻》的作者。

2653　楊栩生,《遊謝氏山亭》是否李白之作的幾點疑問,綿陽師範學院學報,2017(10)

【解題】《李太白全集》中有《遊謝氏山亭》一詩。此詩是否爲李白之作頗爲可疑:一、作年之疑。此詩無論是作於乾元元年、上元二年還是寶應元年,都與詩中「再歡天地清」之背景和李白暮年行蹤不相吻合。二、「謝氏

山亭」「西池」之疑。據詩所寫，「西池」應是謝公池。謝公池乃謝靈運溫州所建，但李白暮年足跡未達溫州。三、詩題之疑。詩題爲「遊謝氏山亭」，而詩卻寫的是遊「西池」。四、「稚子」之疑。「遙欣稚子迎」之「稚子」非時年已二十六七的伯禽，故「遙欣稚子迎」者非李白。

2654　張培鋒，《夜宿烏牙寺》詩爲李白所作考，古典文學知識，2018（3）

　　【解題】李白有一首軼詩，一直未收入其詩文集中。清人王琦注《李太白文集》，始據宋人趙令畤《侯鯖錄》卷二等的一則記載，將其收入《詩文拾遺》中，名爲《題峰頂寺》：「夜宿峰頂寺，舉手捫星辰。不敢高聲語，恐驚天上人。」（王琦《李太白全集》，中華書局 1977 年版）王琦並引用了若干史料，對此詩是否爲李白所作存疑。當代幾種有影響的李白詩注本基本傾向認爲此詩爲宋人所作而僞託李白。

2655　邵傑，李白《望廬山瀑布》絕句「僞作說」析論，殷都學刊，2018（1）

　　【解題】目前關於李白《望廬山瀑布》絕句著作權的懷疑，四個方面的論證皆存在疏失：一、該首七絕對於同題五古的因襲，是正常的文學現象，不意味著其出自別人；二、此詩未載唐人李詩抄本及選本，亦未見時人引及，至多說明此詩在當時流傳未廣，不能據此否定李白的著作權；三、詩中「生紫煙」主要指廬山香爐峰生機煥發的吉祥景象，不能簡單以煙霧遇陽光而消散的物理來刻舟相繩；四、七絕與五古風格的差異，是由於詩人的創作視角、情緒及時間的差異所致，不能證明七絕爲僞作。七絕與五古各有優長，二者是具有互文性的篇章。

杜甫

2656　程會昌，杜詩僞書考，杜詩王原數注辨僞，斯文半月刊，1941（4）；古詩考索，上海：上海古籍出版社，1984

2657　吳孟復，杜甫《過洞庭湖》詩辨僞，合肥師院學報，1962（3）

2658　張熙侯，讀吳孟復《杜甫〈過洞庭湖〉詩辨僞》箚記，合肥師 2855　院學報，1962（3）

2659　陳尚君，新發現杜甫佚詩證僞，草堂，1984（1）

2660　何林天，杜甫詩辨僞，山西師大學報，1998（2）

2661　莫礪鋒，杜詩「僞蘇注」研究，文學遺產，1999（1）

　　【解題】杜詩「偽蘇注」的產生時代是南宋紹興十五年前後，其後的三十多年是它廣爲流傳的時期。

2662　吳明賢，杜甫《江南逢李龜年》著作權不容否定，杜甫研究學刊，2005（4）

　　【解題】針對南宋胡仔《苕溪漁隱叢話》及其他否定《江南逢李龜年》爲杜甫所作的觀點比較詳細地進行了考察辨析，認爲《江南逢李龜年》所記歷史與杜甫生平經歷相合，詩的意旨及風格與杜甫此時期詩歌的內容及總體風格一致，此詩的歷史記載與版本收錄皆爲杜甫，因而此詩爲杜甫所作勿庸置疑。

2663　聶巧平，從《十家注》到《百家注》集注的發展演變看宋代杜詩之偽注，唐代文學研究，桂林：廣西師範大學出版社，2006

2664　陳穎，清代杜詩辨偽學史研究，河北大學碩士學位論文，2013

杜律虞注

2665　羅鷺，偽《杜律虞注》考，古典文獻研究，2004

　　【解題】《杜律虞注》是一部雜抄張伯成《杜律演義》和《集千家注杜工部詩集》而成的偽書，它的解題部分完全抄自《杜律演義》，而注釋部分則主要抄自《集千家注杜工部詩集》。

2666　馮小祿，偽《杜律虞注》補說，杜甫研究學刊，2007（2）

　　【解題】結合古今人對偽《杜律虞注》的考證，將前人已見和未見的明人材料冶於一爐，按時間先後順序分別說明各自在證偽上的作用；並指出古今人多有誤讀楊士奇《杜律虞注序》者，以致相沿成訛，以爲楊士奇就懷疑《虞注》；對《虞注》的作偽者、版本變化和注釋風格等歷史遺留問題也做了探討。

2667　湯婷婷，《杜律虞注》辨偽考評述，懷化學院學報，2013（8）

　　【解題】元代虞集的《杜律虞注》早已在明代時就已經被肯定是一部偽書，並判定與元代張性的《杜律演義》有著很大的關係，明代有許多學者文人都對《虞注》的有關情況進行了記載。

柳宗元

2668　梁容若，《柳宗元集》中的偽作，國語日報，1965，5，5

2669　馬國雲、范甯羽，《龍城錄》的「宗唐思想」——兼論《龍城錄》作者，柳州職業技術學院學報，2018（4）

【解題】《龍城錄》是一部記述隋唐時期帝王將相、文人士子事蹟的筆記小說。關於其作者，自宋代以來頗有不同看法，有人認爲是唐柳宗元，也有人認爲是宋時王銍。文集中所記載之事非常明顯地體現了作者的「宗唐思想」，在唐時的諸多文集中，這種思想也有較多體現；而在宋人，對李唐王朝的態度則比較公允，如若出現「宗唐」則有悖事理。故從《龍城錄》所體現的「宗唐」思想看，此書的版權該屬於柳宗元。

王維

2670　韓維鈞，王維現存詩歌質疑，文學遺產增刊（第十三輯），北京：中華書局，1963

【解題】將王維詩分爲五類：（一）《王右丞集箋注》中雜有業經前人考定不是王維的作品，計三十二題四十八首；（二）各本雖皆收錄，但均有異議，而韓維鈞認爲並非王維所作者，有《送元中丞轉運江淮》、《歎白髮》、《寓言》（之二）三首；（三）在詩題下雖注爲某人所作，但在這作者集中卻無該詩，經考察乃爲王維所作者，如《過香積寺》、《贈劉藍田》等；（四）題注爲某人所作，該作者集中亦收此詩，而韓維鈞認爲應該定爲王維所作者，如《酬比部楊員外暮宿琴臺朝躋書閣率爾見贈》、《寄河上段十六》等；（五）《箋注》收錄之詩而爲他本所未收，或他本所收之詩而《箋注》反無者。經考察，認爲第一、二類的五十一首詩並非王維所作，其他三類是王維所作。

2671　陳鐵民，王維詩眞僞考，文史，1982（16）

【解題】考證清代趙殿成《王右丞集箋注》中四十二首詩的眞僞。

孟浩然

2672　王輝斌，孟浩然詩歌辨僞，襄樊學院學報，2001（1）

【解題】以徐鵬《孟浩然集校注》爲底本，對其中的有關非孟浩然詩進行了具體考訂與甄別。

2673　陳才智，《孟浩然集》中兩首詩作者辨析，廣西右江民族師專學報，2003（5）

【解題】《孟浩然集》中的《盧明府早秋宴張郎中海園即事得秋字》、《同盧明府早秋宴張郎中海亭》這兩首詩，前首爲孟浩然作，後首當爲張顗（張郎中）所作。

陋室銘

2674　于北山，《陋室銘》非劉禹錫作補正，教學與進修，1979（3）

2675　陶敏，《全唐詩中重出了劉禹錫詩甄辨》續補，文史，1987（28）

2676　吳小如，《陋室銘》作者質疑，文學遺產，1996（6）

【解題】今所見《陋室銘》實不類唐人作品。如確信其爲唐人手筆，則寧信其作者爲崔沔，亦不宜屬之劉禹錫。

2677　段培麗，《陋室銘》作者辨析，文史知識，1996（6）

2678　顏春峰、汪少華，《陋室銘》的作者不是劉禹錫嗎，尋根，1996（6）

2679　卞孝萱，《陋室銘》非劉禹錫作，文史知識，1997（1）

【解題】作者早在 1963 年出版的《劉禹錫年譜》中已提出，《陋室銘》非劉禹錫作。

2680　段培麗，再談《陋室銘》及其作者，陝西師範大學學報，1998（1）

【解題】《陋室銘》作者確非名噪一時的劉禹錫，而是一位名不見經傳，但卻才華橫溢，堪稱「文章之哲匠」的盛唐文臣——崔沔。

2681　王鶴、李曉麗，《陋室銘》作者祛疑，古典文獻研究，2012

【解題】《陋室銘》爲劉禹錫所作有可靠的文獻依據，並且這篇銘及其體格，與劉禹錫的文格、文風、爲人以及他在和州期間的生活狀況、思想狀態和交友狀況並無特別矛盾之處。

2682　孫思旺，《陋室銘》作者問題釋證，文史哲，2017（1）

【解題】《陋室銘》雖不列於夢得文集傳世刻本，但古今學人一向視爲劉氏遺篇。自 20 世紀 70 年代以來，于北山、卞孝萱、吳小如等先生紛紛撰文，斷爲僞託，遂使其作者問題漸有演爲公案之勢。今考諸家之説，頗拾宋僧孤山智圓遺緒，以人品文風之好惡臆斷眞僞，殊不足取。所欲論者有三：其一，傳世劉集可以爲《陋室銘》提供一系列文本內證；其二，唐人的陋室之詠集中產生於劉禹錫的交遊群體；其三，被辨僞者援以爲據的唐觀音寺界

碑實係僞刻，抄撮村言俗語説並不成立。

2683　王淑梅，千古謎團《陋室銘》——再論《陋室銘》的作者及襃貶紛爭
　　　相關問題，徐州工程學院學報，2018（1）

　　【解題】傳世名篇《陋室銘》的作者千年以來爭訟不已。最早唐人顏眞
卿提到崔沔作《陋室銘》，而民間則流行劉禹錫作《陋室銘》説，南宋後期的
《古文集成》首次把今傳《陋室銘》文隸於劉禹錫名下，直到清代《古文觀
止》，劉禹錫作《陋室銘》説終於演爲定論。事實是早在北宋前期，釋智圓已
對俗傳予以了駁斥，同時劉昫、歐陽修等編史書時均未採信，隻字未提劉禹
錫作《陋室銘》，而且今存劉禹錫集諸刻本均不載《陋室銘》，足以説明劉禹
錫説之不經。梳理作者紛爭的起因及始末過程，結合崔沔的生平際遇，《陋室
銘》當爲崔沔所作。

李賀

2684　劉衍，李賀佚詩辨僞，中國文學研究，1994（3）

　　【解題】今傳《杪秋登江樓》非李賀詩，《全唐詩續補遺》輯李賀佚詩
二首，亦不是佚詩；李賀現傳詩歌並不完整，輯佚、考佚、考辨工作還大有
可爲。

2685　魯慧，《昌谷集注》宋琬序作者新考，學術交流，2017（1）

　　【解題】《昌谷集注序》是李賀研究中極爲重要的一篇文獻，大部分談
及李賀的論文都會援引此篇。自清人王琦《李長吉歌詩匯解》將此篇收錄後，
後人一直沿用，認爲此篇的作者即宋琬。《昌谷集注序》並非宋琬本人親自創
作，而是清初散文名家王猷定的代筆之作，王猷定乃《昌谷集注序》的眞正
作者。

2686　劉明，陳清華郇齋舊藏蒙古本《歌詩編》小識——兼及李賀詩集的編
　　　刻及「集外詩」的眞僞，古典文學知識，2018（5）

杜牧

2687　朱易安，《清明》詩是杜牧作的嗎，河北大學學報，1981（1）
　　【解題】《清明》詩並非杜牧所作。

2688　胡可先，《忍死留別獻鹽鐵裴相公二十叔》詩非杜牧作考辨，徐州師範

學院學報，1982（1）

2689　張金海，樊川詩眞僞補訂，武漢大學學報，1982（2）

2690　于一，杜牧行蹤考辨與《清明》詩，延安大學學報，1986（3）

【解題】《清明》詩隨《千家詩》問世以來，千載傳唱，因其風格與杜牧詩風渾然一體，人們認可爲杜牧詩。最近有人以《樊川集》中未收此詩，懷疑爲他人僞作。懷疑當然可以，但不足爲據。因爲古代歷史資料中，長期佚失而偶有發現的現象是不少的；《樊川集》中沒有，應該允許《千家詩》的編者發現；如果沒有可靠的歷史資料來確證《清明》詩非杜牧作，僅憑懷疑、推測是不能服人的。

2691　郭文鎬，《樊川外集》詩辨僞，唐都學刊，1987（2）

2692　謝明仁，杜牧的一首僞詩考辨，文學遺產，1990（2）

2693　文伯倫，《清明》詩非杜牧所作略說，文史雜誌，1995（1）

2694　紀永貴，重審杜牧《清明》詩案，池州學院學報，2010（2）

【解題】今日的杏花村文化現象都與託名杜牧的《清明》詩有直接的因果關係。其實，杏花村意象是杏花意象在唐宋文學中的詩意延伸。「杏花村」詞組在今存唐詩中出現過 3 次，在宋詩中出現過 17 次，在宋詞中出現過 4 次，「杏村」在宋詩中出現過 3 次；這 27 個杏花村除了南宋方回詩中一個「杏村」是實指外，其餘全是虛稱，則《清明》之中的「杏花村」也當是虛指。有學者從目錄學、詩韻學、詩歌風格學等角度曾經懷疑過杜牧對《清明》詩的著作權，此外，若從詩意傳承的角度去看，《清明》詩也不可能爲杜牧所作，它只能產生於兩宋之間。南宋以來的個別詞選中錄有一首署名北宋宋祁的已經化用了《清明》詩意的詞《錦纏道・春遊》，但至少有四點理由可以認爲這是一個以訛傳訛的結果。

2695　顧農，「清明時節雨紛紛」是杜牧所作嗎，中華讀書報，2016

2696　王永平，關於杜牧《清明》詩的兩點想法，晉陽學刊，2018（5）

【解題】杜牧《清明》詩是一首膾炙人口的七言絕句。但是，自近代以來，圍繞著這首詩的作者、詩中描寫的情景和地點等問題展開了熱烈的爭論。經過梳理爭論焦點，形成幾點看法：其一，不能輕易否定杜牧是《清明》詩的作者；其二，應該避免意氣之爭，認眞對待每一條有價值的史料，而不是只選擇對自己有利而無視對自己不利的資料。

戴叔倫

2697　洪素野，戴叔倫《懷李賀》詩質疑，學術研究，1980（6）

　　【解題】據權德輿所作戴叔倫墓碑銘，戴是德宗貞元五年（789）死的，而李賀則是貞元六年（790）生的；戴叔倫《懷李賀》當是僞作，或是所懷李賀長吉另有其人，總之不是詩人李賀。

2698　心予，戴叔倫《冬日有懷李賀長吉》作者及詩題辨誤，求索，1980（4）

　　【解題】《冬日有懷李賀長吉》並非戴叔倫所作，可能是杜甫或李白之妻宗氏，所懷之人也不是李賀，而是李白；此詩也可能是李白的佚詩。

2699　趙昌平，戴叔倫作者眞僞及其有關行事商榷，文史，1985（25）

2700　蔣寅，戴叔倫作品考述，中華文史論叢，1985（4）

　　【解題】王闓運《湘綺樓唐詩選》所選戴叔倫詩六首，其中三首非戴作；中國社科院文學所編《唐詩選》所選戴叔倫二首，其中七絕《蘇溪亭》是明初汪廣洋（1329～1380）之作；《唐詩鑒賞辭典》所選《過柳溪道院》亦是明初劉崧（1321～1381）之詩。

2701　熊飛，戴叔倫詩雜考，唐都學刊，1994（3）

　　【解題】《全唐詩》收錄的戴叔倫詩近三百首詩，竄僞情況極爲嚴重；其中《過賈誼舊居》、《早春曲》、《白苧詞》3首爲明人蘇平作品竄入者。

2702　佐宏，《折楊柳》作者小考，宜賓學院學報，2005（4）

　　【解題】《折楊柳》作者應爲楊巨源。

2703　方孝玲，今傳戴叔倫集誤收蘇平詩補證，古籍研究，2006（1）

　　【解題】《白苧詞》、《早春曲》、《擬過賈誼宅》三首詩並非戴叔倫所作，而是出於明代詩人蘇平之手。誤收的原因有二：（一）明銅活字本《戴叔倫集》因商家以圖「速售」，「旁取他人之作人之」，而《全唐詩》編訂者爲貪多求全，眞僞一併納人，致使訛誤更加嚴重。（二）蘇平喜歡擬唐人之作，其詩歌語言以及風格又確與戴叔倫詩有許多相似之處，戴詩「含蓄蘊藉，情韻悠然」、「語言是平淡的，但卻淡得自在、有味、有情」，蘇詩亦如此。

2704　王佃啓，戴叔倫若干詩作辨僞補正，中國社會科學院研究生院學報，
　　　　2006（3）

【解題】戴叔倫是中唐著名詩人，現存詩集係明人編訂，竄僞者甚多。今人岑仲勉、傅璇琮、富壽蓀、蔣寅等學者先後對此作了專門考訂，共考證出戴集中非戴所作及與他人重出的詩作近百首。該文在前人考訂的基礎上，對前人未發現的戴叔倫集中的僞作及重出作品或已發現非戴所作但未考明出處的若干詩作進行了考訂辨正。

蘇軾、蘇轍

2705　顧吉辰、俞如雲，蘇軾《王大年哀辭》質疑，文史，1982（16）

2706　孔凡禮，《艾子》是蘇軾的作品，文學遺產，1985（3）；孔凡禮古典文學論集，北京：學苑出版社，1999
　　　　【解題】《艾子雜說》是蘇軾所作。

2707　劉尚榮，蘇軾佚詩眞僞辨──關於蘇拭的補編詩互見詩及其眞僞的研究與評介，寶雞師院學報，1990（4）

2708　劉石，蘇東坡詞輯佚和辨僞的歷史考察，文獻，1992（3）

2709　金諍，蘇軾散文編年、辨僞拾補，四川教育學院學報，1998（4）

2710　鄒同慶、王宗堂，蘇詞辨僞，鄭州大學學報，1995（1）；中州學刊，1996（2）
　　　　【解題】考辨了「他人詞誤作蘇軾詞」數首，《鷓鴣天》（西塞山邊白鷺飛）、《滿庭芳》（北苑龍團）、《滿庭芳》（北苑春風）應爲黃庭堅作；《虞美人》（落花已作風前舞）、《永遇樂》（天末山橫）應爲葉夢得作；《意難忘》（花擁鴛房）應爲程垓作；《蝶戀花》（玉枕冰寒消暑氣）應爲晏殊作；《浣溪沙》（晚菊花前斂翠蛾）應爲朱敦儒作；《浣溪沙》（樓依江邊百尺高）應爲張先作。

2711　卿三祥，《東坡詩集注》著者爲王十朋考，宋代文化研究，2003
　　　　【解題】通過對王十朋《梅溪集》和《王狀元集百家注分類東坡先生詩》（《東坡詩集注》原題）等書的細緻考查，證明王十朋的確是《東坡詩集注》的著者。

2712　力之，《東坡外集‧蔡使君傳》即《南史‧蔡道恭傳》辨，黃岡師範學院學報，2004（1）
　　　　【解題】《蔡使君傳》最早見於《東坡外集》，李寅生先生已證其非出東

坡手；然《蔡使君傳》並非節自《梁書》卷十的《蔡道恭傳》，而是原原本本地抄自《南史‧蔡道恭傳》。

2713　錢建狀，《東坡詞》誤收之《青玉案》作者考，文學遺產，2004（5）

【解題】《東坡詞》中所收《青玉案‧和賀方回韻送伯固歸吳中故居》非蘇軾所作，胡仔《苕溪漁隱叢話》、陳善《捫虱新語》以爲姚進道作，亦誤。

2714　王宗堂、鄒同慶，蘇詞編年與辨僞，中國蘇軾研究（第一輯），北京：學苑出版社，2004

2715　劉友竹，「蘇東坡謫惠州詩二首」辨僞，成都大學學報，2004（3）

【解題】現存《蘇東坡謫惠州詩二首》不是「遺珠」而是贋品，詩中所指地名既不符合當時地理區劃命名，詩文手法也平庸粗糙，缺乏靈性和餘蘊。

2716　王宗堂、鄒同慶，混入東坡詩集的唐人作品，中國蘇軾研究（第二輯），北京：學苑出版社，2005

2717　胡建升，蘇軾佚詩辨僞，社會科學論壇，2008（3）

【解題】通過對《蘇軾詩集》和《全宋詩‧蘇軾詩集》中的蘇軾佚詩《秋日寄友人》進行考辨，認爲此首詩歌不是蘇軾的佚詩，應是北宋初期張詠所作。此外，吳宗海所輯佚的《蘇軾佚詩三首》都已收入《蘇軾詩集》，僅是詩題不同而已，屬於重複輯佚。

2718　胡建升、楊茜，蘇轍佚詩辨僞，古籍整理研究學刊，2009（5）

【解題】通過對《蘇轍集》和《全宋詩‧蘇轍詩集》中的蘇轍佚詩進行考辨，發現《初春遊李太尉宅東池》、《益昌除夕感懷》、《除夕》、《過豫章》、《詩一首》等五首佚詩不是蘇轍所作，分別屬於張方平、唐庚、黃庭堅、蘇軾等人所作。

2719　李曉黎，因爲「睫在眼前長不見」——王十朋爲《百家注東坡詩》編者之內證，中國韻文學刊，2012（2）

【解題】王十朋確是《王狀元集百家注分類東坡先生詩》的編者。《百家注》中有五十條王十朋的注釋，其中的十一條注釋，是王十朋對不同的兩首詩中內容相同、可以互見互注的注文，充分說明了他對《百家注》整體結構的把握；另有一條注釋是王十朋以編者的身份決定對趙次公注的去取。

2720　安熙珍，《艾子雜說》作者質疑，中國蘇軾研究，2016（2）

2721　周瑾，《艾子雜說》研究，蘭州大學碩士學位論文，2017

朱熹

2722　束景南，新發現朱熹佚文辨偽，古籍整理研究學刊，1992（6）

【解題】考證近年發現的朱熹佚文《隱相堂序》、《康塘三瑞堂記》、《康塘百琴樓歌》、《詠青溪》、《過許由山》、《半月》三詩以及《溫陵劉氏宗譜》中所載有朱熹所作詩與序二篇、《吳氏族譜序》等，皆非朱熹所作，而是後人偽作。

2723　束景南，朱熹佚文辨偽考錄，朱子學刊，1996

【解題】考證舊題朱熹所作之《偶成》、《梅》二首、《山茶》、《心經贊》、《項氏重修宗譜舊序》、《鷹山書院》、《書邵子堯夫遊伊洛》四首、《沛國朱氏世系源流序》以及朱熹詩條幅、《鳳麓春蔭》等，皆是他人之作。

2724　郭齊，朱熹詩作六篇辨偽，中國文學研究，1997（3）

【解題】以朱熹行實及宋人文獻爲依據，對朱熹詩作六篇十首（《登閣皂山》二首、《送單應之往閣山》二首、《別陳講師》、《題赤城觀》、《寄陳講師》、《送李道士歸玉筍》三首）進行考辨，認爲這些詩作有極大可能出於偽託。

2725　方建新、王晴，上海圖書館藏朱熹撰《葉夢得墓誌銘》辨偽，宋史研究論叢，2003

【解題】上海圖書館藏《葉夢得墓誌銘》，對葉夢得生平事蹟、仕履不但遺漏甚多，且錯誤隨處可見，結合朱熹對葉夢得的評價，不可能是朱熹所撰，而是一篇偽作。

2726　李勝，《八瓊室金石補正》石魚朱子詩辨偽，重慶社會科學，2006（9）；北京大學學報，2006（1）

【解題】《八瓊室金石補正》一書作爲宋代涪州石魚題刻收錄的「朱子詩」，雖確爲朱熹《觀瀾》絕句，但既非宋刻抑或朱子眞跡，也不在石魚所在地白鶴梁，而是大約在清代中期才刻於北岩石壁的作品，當地人稱作《北岩題壁》。

2727　石立善，《朱子全書》與《朱熹集》、《全宋詩》、《全宋文》所收朱子佚
　　　文十篇辨僞，宋史研究論叢，2014

　　　【解題】就近人整理編輯《朱子全書》、《朱熹集》、《全宋詩》、《全宋文》，
指出所誤收朱子佚文十篇：詩八篇爲《夜歎》、《復過盛家洲》（又題《盛家洲》）、
《題汪氏快閣》、《竹畫詩》、《題陶淵明小像》、《右軍宅》、《方池》、《紅梅》；
文二篇爲《論諱》、《四端説》。

陸游

2728　孔凡禮，陸游著述辨僞，文史，1981（12）；孔凡禮古典文學論集，北
　　　京：學苑出版社，1999

　　　【解題】《清尊錄》爲廉布撰，《山陰詩話》爲李兼撰，而有誤題陸游者；
《避暑漫抄》並非陸游所輯，萬曆四十八年凌毓楠刻套印本《呂氏春秋》非
陸游評；于北山《陸游年譜》引王士禛《居易錄》謂陸游有《放翁詩話》，亦
誤；《聖宋名賢五百家播芳大全文粹》中《賀韓戶書啓》、《賀洪樞使帥金陵啓》
並非陸游撰；欒貴明《陳亮集、陸遊集輯佚》中所輯陸游《絕句十二首》並
非陸游作。

2729　高利華，陸游《釵頭鳳》是「僞作」嗎——兼談文本中「宮牆」諸意
　　　象的詩詞互證，學術月刊，2011（4）

　　　【解題】陳橋驛徑指陸游《釵頭鳳》詞爲「僞作」；吳熊和以爲該詞「宮
牆柳」一語不合沈園周邊環境。陸游的確在沈園題壁，而且是爲他的前妻唐
氏，這有《劍南詩稿》大量詩作爲證，其題壁的事件、地點、意象都與《釵
頭鳳》詞有呼應處；最早記錄《釵頭鳳》爲沈園題壁詞的陳鵠是陸游生活圈
內的人，目擊《釵頭鳳》詞題於沈園之壁，這應該是可信的；迄今爲止，學
術界對《釵頭鳳》詞本事有質疑，所舉的理由都還只是一種猜測或推論，不
具備推翻原説的分量；在《釵頭鳳》詞的解讀過程中，應避免臆測，要重視
《劍南詩稿》中諸多「沈園詩」的內證，這畢竟是陸游留給後人的第一手資
料。

2730　李成晴，陸游《避暑漫抄》係僞書考，浙江學刊，2015（2）

　　　【解題】以《避暑漫抄》引錄葉紹翁《四朝聞見錄》一條材料爲切口，
論證《四朝聞見錄》成書於陸游身後，陸游不可能纂抄及此，並進而對《避

暑漫抄》全書的文獻來源進行了調查，考明全書 28 則材料中有 24 則見於傳世的唐宋筆記，《避暑漫抄》基本不改動地進行抄錄，只是標注出處時以假亂眞，或杜撰子虛烏有的書名。《避暑漫抄》實際是明人編纂的叢脞之書，爲炫聲價而僞託陸游，作僞者以陸楫的可能性爲最大；然而書中史料非假造，所載「宋太祖誓碑」一事，極有可能也有宋代筆記文獻的依據，可以作爲一條宋代的眞史料來引證。

心史

2731　蔣逸雪，《心史》辨僞，東方雜誌，1944（23）

2732　姚從吾，鄭思肖與《鐵函心史》關係的推測，慶祝蔣慰堂先生七十榮慶論文集，臺北：學生書局，1968

【解題】《心史》是宋亡後，東南一部分愛國志士們的集體創作，裏邊有鄭思肖的作品，也有別人的作品。

2733　劉兆祐，《心史》的著者問題，書目季刊，1969（4）

【解題】《心史》和鄭思肖毫無關係，全是他人僞造。今按：此論非是。

2734　姜緯堂，辨《心史》非鄭所南遺作，文史，1983（18）

2735　姜緯堂，再辨《心史》非鄭所南遺作，學術月刊，1987（4）

2736　魯同群，《心史》是一部僞書，南京師大學報，1984（2）

2737　楊玉峰，《心史》作僞論略，大陸雜誌，1986（11）

2738　趙鐵寒，鄭思肖及其詩文集——《心史》，幼獅，1975（2）

2739　楊麗圭，鄭思肖作品的研究——《鐵函心史》，鄭思肖研究及其詩注，臺灣文化大學中研所碩士學位論文，1977

2740　李則芬，明人歪曲了元代歷史，文史雜考，臺北：學生書局，1979

2741　辛智，《鐵函心史》的眞和僞，光明日報，1985.2.13

2742　陳福康，論鄭思肖《心史》絕非僞託——與姜緯堂先生商榷，學術月刊，1985（10）

2743　楊訥，《中國歷史大辭典・遼夏金元史卷》《心史》條，上海：上海辭書出版社，1986

2744　姜緯堂，再辨《心史》非鄭所南遺作——答陳福康同志，學術月刊，1987（4）

2745　汪榮祖，《心史》固非吳井之藏，中國文化，1992（6）

【解題】《心史》並非鄭所南之作，很可能是在蘇州一帶的復社諸君，爲了警惕元朝滅宋的前車之鑒，特借鄭所南之口，喚醒國魂，以免蹈覆轍，未必出諸一人，成於眾手，亦未可知。今按：此論不能成立。

2746　楊訥，《心史》眞僞辨，元史論叢（第五輯），北京：中國社會科學出版社，1993

【解題】《心史》並非明遺民所作，他的作者就是鄭所南。

2747　張新民，「《心史》固非吳井之藏」質疑——與汪榮祖先生商榷，中國文化，1995（1）

【解題】與汪榮祖《〈心史〉固非吳井之藏》一文商榷，認爲《心史》並非僞作。

2748　陳福康，再論鄭思肖《心史》絕非僞託——駁姜緯堂先生的「再辨」，學術月刊，1995（11）

2749　陳福康，《心史》決不是僞書——與魯同群先生商榷，南京師大學報，1996（2）

2750　魯同群，就《心史》眞僞問題答陳福康先生，南京師大學報，1996（2）

2751　陳福康，《心史》實是吳井之藏，學術集林（第八卷），1996

2752　陳福康，《心史》不可能是僞書，社會科學戰線，1998（1）

2753　陳福康，崇禎末《心史》刊刻經過及序跋者考，學術月刊，1998（12）

【解題】主要考證《心史》最初兩種版本的刊刻過程及其關係，和這些刊本的二十幾位序跋者的情況，由此可以進一步證明《心史》絕非僞造，並確認這些序跋本身的重要價值。

2754　鍾焓，《心史·大義略敘》成書時代新考，中國史研究，2007（1）

【解題】將討論的問題集中在《心史》中敘事最爲豐富同時也最易引起爭論的《大義略敘》的時代性上，採取王國維「二重證據法」中的「取異國之故書與吾國之舊籍相互補正」的論證方法，即以《大義略敘》所記的若干細節與同其有關的非漢文史料和蒙古傳說民俗來相互參證，結果發現它們之間有不少尚未見於其他漢籍的共同內容。因此，至少《大義略敘》可以確定爲一篇史料價值很高的元代文獻，它不可能出自明末遺民之手，而這一論證

也有助於從新的角度來認識和發掘《心史》的史料價值。

2755 卓洪豔，鄭思肖《心史》研究，福建師範大學碩士學位論文，2008

2756 陳福康，從錢鍾書先生提到的厲鶚語說起——再論鄭思肖《心史》絕
非偽託，文學遺產，2010（6）

【解題】錢鍾書先生閱批《宋詩紀事》云：「厲鶚知《心史》非偽撰。」
該文從這段批語談起，進一步論證《心史》非偽。言《心史》偽者，很大程
度上是受全祖望的影響，仔細分析了全氏的說法，指出他否認《心史》的一
則題詞和一首詩只是其一時的「盲從」，不能僅以此而否認他在其他更多處的
論述；又指出最早提出《心史》爲偽的徐乾學、閻若璩，其實並非不知其不
偽，其言絕不可信。

2757 陳福康，評臺灣學界的《心史》偽書說，東南學術，2014（3）

【解題】姚從吾、劉兆祐、李則芬、林清科、林慶彰、楊玉峰、李敖、
汪榮祖等人認爲《心史》是偽書。經過逐篇逐條辨析，論定臺灣學界的《心
史》「偽書說」一條也沒有學理根據。

辨姦論

2758 鄧廣銘，王安石，上海：三聯書店，1953

【解題】文中認爲「《辨姦論》冒稱是北宋蘇洵的作品，實際卻是南宋
初年的一個文人捏造的」，並認爲偽作者即「北宋時代守舊黨徒邵雍的兒子邵
伯溫」。今按：此論不能成立。

2759 李清怡，試論「辨姦論」的眞偽問題，光明日報，1957，3，17

【解題】從三個方面對鄧文所持邵伯溫偽作說進行了駁議：張方平《樂
全集》中爲蘇洵所寫《文安先生墓表》中載有《辨姦論》全文，墓表寫於蘇
洵死後不久，其時邵伯溫（1057～1134）尚幼；蘇軾文集有《謝張太保撰先人
墓揭書》；沈卓然氏所寫《蘇老泉年譜》中肯定《辨姦論》是蘇洵作品。

2760 吳小如，說「辨姦論」眞偽問題，文匯報，1957，3，28

【解題】主要引述、歸納清人李紱《書〈辨姦論〉後二則》和蔡上翔《王
荊公年譜考略》中證明《辨姦論》是偽作的四點理由：（1）明刻十五卷本蘇
洵《嘉祐集》無《辨姦論》；（2）《辨姦論》文筆不似老蘇，宋人筆記中關於

《辨奸論》寫作年月及蘇洵、王安石關係記載頗有出入；（3）《辨》中所論王安石各事與它書記載不符；（4）李、蔡二人認定「墓表」和「謝書」同爲僞作的五點理由（「墓表」中「嘉祐初，黨友傾一時」與事實不符；「墓表」引神宗熙寧二年命王安石爲相的製詞卻繫於仁宗嘉祐初；「墓表」中張方平稱蘇洵爲「先生」，口氣不類；「墓表」、「謝書」文筆語氣多類，如出一人之手；張方平同時人歐陽修、曾鞏等人文集中無《辨奸論》有關記載）。今按：此論不能成立。

2761　張家駒，《辨奸論》的僞造爲北宋末年黨爭縮影說，文匯報，1961，4，4
　　　【解題】《辨奸論》、《謝張方平書》（《謝張太保撰先人墓碣書》）皆爲邵伯溫僞作。今按：此說不能成立。

2762　周本淳，《辨奸論》並非僞作，南京大學學報，1979（1）
　　　【解題】主要針對李紱的兩則跋語展開駁議，認爲《辨奸論》並非僞作。

2763　劉乃昌，蘇軾與王安石的交往，蘇軾文學論集，齊魯書社，1982
　　　【解題】蘇洵作《辨奸論》頗與情理不合，究竟出自誰手，仍屬值得研究的一椿疑案。今按：此爲臆論。

2764　曾棗莊，《辨奸論》眞僞考，古典文學論叢（第十五輯），成都：四川大學出版社，1982
　　　【解題】分別從「歷史背景」、「內容」、「始見何書」、「版本」、「流傳過程」五個方面對李紱、蔡上翔以來的「僞作說」所持論據逐次駁議，申說《辨奸論》確爲蘇洵所作。

2765　章培恒，《辨奸論》非邵伯溫僞作，古典文學論叢，上海：上海人民出版社，1980；獻疑集，長沙：嶽麓書社，1993
　　　【解題】李紱、蔡上翔從蘇洵文集及《辨奸論》本文中找出的、欲以證明《辨奸論》出於僞作的各條證據，無一成立，因此《辨奸論》並非邵伯溫僞作。今按：此爲辨僞力作。

2766　王保珍，從蘇、王、邵三個家族來推論《辨奸論》之作者，宋代文學與思想（臺灣大學中國文學研究所主編），臺北：學生書局，1989

【解題】從蘇氏與王氏往來接觸角度探討《辨奸論》作者問題，在排比、分析有關史料後，得出以下結論：「在傳統的蘇洵作《辨奸論》説法與李級等以邵伯溫僞作《辨奸論》，藉蘇洵名行世之説法之間，筆者採取存疑態度。」

2767　鄧廣銘，《辨奸論》眞僞問題的重提與再判，國學研究（第3卷），1995；鄧廣銘治史叢稿，北京：北京大學出版社，1997

【解題】《辨奸論》的作者非邵伯溫莫屬。今按：此説不能成立。

2768　王水照，《辨奸論》眞僞之爭，新民晚報，1997，2，5

【解題】從版本材料入手，據《鐵琴銅劍樓藏宋元本書目》考爲北宋麻沙本的《類編增廣老蘇先生大全文集》卷三收有《辨奸論》和宋刻孤本《東坡集》卷二十九收有《謝張太保撰先人墓碣書》，認定邵伯溫「僞作説」難以成立。

2769　鄧廣銘，再論《辨奸論》非蘇洵所作──兼答王水照教授，學術集林（第十三卷），上海：上海遠東出版社，1997

【解題】回應王水照《〈辨奸論〉眞僞之爭》提供的兩條章培恒與鄧廣銘未及論述的材料，認爲他據這兩條材料而作出的論斷，理據都不夠確切，因而全部不能成立。今按：鄧先生之説不能成立。

2770　王水照，再論《辨奸論》眞僞之爭──讀鄧廣銘先生《再論〈辨奸論〉非蘇洵所作》，學術集林（第十五卷），上海：上海遠東出版社，1999

【解題】認爲鄧廣銘「《辨奸論》絕非蘇洵所作的問題」並非已成定讞，並進一步作出辯證。

2771　王昊，近五十年來《辨奸論》眞僞問題研究述評，社會科學戰線，2002（1）

【解題】近五十年來《辨奸論》眞僞研究中，「僞作説」長期佔有主流地位，而近年來「肯定説」漸有抬頭之勢。「僞作説」存留著一些比較明顯的疑點，如至少有以下二點對「僞作説」而言不能較圓滿解釋：（一）如認爲（辨奸論）、《謝張太保撰先人墓揭書》、《文安先生墓表》三文皆出自邵伯溫僞作，則分別羼入《老蘇集》、《東坡集》、《樂全集》的時、地、人條件如何滿足？（二）如果將《邵氏聞見錄》著書的時間上限由作序的紹興二年上推至北宋宣和間，才二十卷的《聞見錄》創作過程是不是太長了一些？邵伯溫的創作

力是不是也差了一點？對於「肯定說」而言，《文安先生墓表》中王安石「其命相制」四字有魯魚之訛、繫傳抄之誤的解釋有很大的偶然性，因爲蘇軾在《樂全先生集敘》中曾說「獨求其文集手校而家藏之」，如果這是個錯誤，他不該也沒有發現。

張之洞家書

2772　秦進才，《張之洞家書》辨僞，歷史研究，2000（2）

【解題】通行本《張之洞家書》自問世即有人懷疑其眞僞，但具體分析者少，因而至今仍在流傳。從其虛構人物、違反制度、時間混亂、編造履歷、使用後世語言等方面加以察考。今按：通行本係張厚穀僞造的可能性不大，可能是書賈所爲。

2773　吳劍傑，文華齋版《張文襄公全集》中的「家書」眞僞仍應存疑，近代史研究，2008（6）

【解題】20世紀30年代上海中央書店版及其他清代名人家書中的《張之洞家書》44封是僞託贗品，確鑿無疑；張達驤所謂張厚穀「連夜僞造」張之洞家書一說有諸多不實之詞，其可信程度值得懷疑。即使有充分的根據證明上海版《張之洞家書》等爲張厚穀僞造，也還不能據以斷定文華齋版《全集》中的13封家書亦係僞造，眞實性仍在疑似之間，應當存疑保留。

其他

2774　岑仲勉，《白氏長慶集》僞文，國立中央研究院歷史語言研究所集刊（第九本），上海：商務印書館，1947

2775　鄭良樹，王世貞《短長說》辨僞，大陸雜誌，1974（4）

【解題】《短長說》不是劉向當年編訂《戰國策》所採用的《短長》，而是王世貞所僞造出來的一批假材料。

2776　梁庚堯，劉燴《雲莊集》的版本及其眞僞，書目季刊，1974（2）

2777　周全，《斜川集》考辨，東吳大學中研所碩士學位論文，1976

2778　湛之，《答陸澧》詩不是張九齡所作，文史，1979（7）

2779　許逸民，《重刊周尙書二首》之二非庾信作，文史，1979（6）

2780　鄧小南，司馬光《奏彈王安石》辨僞，北京大學學報，1980（4）

【解題】司馬光並不曾寫過《奏彈王安石表》，實際上是熙寧三年之後，社會上一些反對王安石變法的保守派人物，以司馬光的名義偽造出來並加以擴散的。而遷延至南宋孝宗淳熙年間，受當時貶抑王安石及其新法、崇褒司馬光等守舊勢力的政治形勢影響，司馬光的從曾孫司馬伋在整理、刻印《傳家集》時，沒有認真加以核實，即把此文收入集中，自己「爲妄人所誤」，同時亦貽誤後人。

2781　王瑤，李清照詞眞偽考，文史，1982（13）

2782　于天池，《蒲松齡集》載《日用俗字》非蒲松齡原作，文史，1983（20）
【解題】《蒲松齡集》所載《日用俗字》不是蒲松齡原作，儘管我們還不能徑直就認爲全部是偽作，但竄入了後人的文字則是可以肯定的。

2783　萬聯眾，《明日歌》非錢鶴灘所作，文史知識，1983（12）
【解題】《明日歌》其實爲明代文嘉所作，並非錢鶴灘所作，錢鶴灘只是抄錄而已。

2784　馬美信，龔自珍佚札三篇辨偽，中國古典文學叢考（第一輯），上海：復旦大學出版社，1985
【解題】《故宮博物院院刊》一九八零年第一期《龔自珍致鄧傳密佚札繫年校注》中公佈的龔自珍三篇佚札實非龔自珍手筆，而是他人偽作。

2785　曹汛，徐鉉集內所收《貢院鎖宿呂員外使高麗贈送》一送作者考辨，文史，1985（25）

2786　吳在慶，杜牧疑偽詩考辨，中華文史論叢，1985（1）
【解題】考證《樊川集遺收詩補錄》、《樊川詩補遺》、《樊川別集》、《樊川外集》等著作中未經前人考辨的偽託之作。

2787　陳尚君，《班婕妤》非嚴武所作，中華文史論叢，1985（1）

2788　何冠彪，戴名世臨刑詩辨偽，中華文史論叢，1985（3）
【解題】《安徽歷史上科學技術創造發明家小傳·戴南山》中所載戴名世臨刑詩並非戴名世所作，因爲它與明初詩人孫蕡（1338～1393）所作《臨刑口占》極爲相似；然而，孫蕡也不是《臨刑口占》的作者，因爲它本是五代時江爲的臨刑詩。

2789　雋雪豔，關於《贈中尉李彪詩》的作者，文史，1987（28）

【解題】《贈中尉李彪詩》是韓顯宗所作，並非韓延之。

2790　管訂，從《文苑英華》看古代詩文主名的誤亂問題，文史，1987（28）

2791　劉文忠，劉琨與盧諶作品眞僞小識，文史哲，1988（3）

2792　曹汛，《石佛谷》非皇甫湜詩，文史，1988（29）

2793　謝重光，再論《龍湖集》是後人僞託之作，福建論壇，1991（4）

【解題】《龍湖集》並非陳元光所作，而是出於明末以後人的僞託。

2794　羅忼烈，史可法《復多爾袞書》作者考，兩小山齋雜著，北京：中國和平出版社，1994

【解題】《復多爾袞書》並非史可法所作，而是明末清初學者彭士望好友王鋼代筆之作。

2795　王智勇，宋人文集誤收詔令考，古籍整理研究學刊，1995（4）

【解題】考證《韓通贈中書令》當非劉敞作，《曹瑋降授左衛大將軍容州觀察使知萊州制》非王安禮作，《夏竦制》、《罷夏竦制》、《夏竦樞密使制》、《除韓琦制》非鄭獬作，《除蔚昭敏特授節度使加食邑制》、《除王守斌特授節度使加食邑制》非韓維作，《龍圖閣直學士太中大夫知亳州王益柔可差知江寧府制》、《承議郎直集賢院范育可權發遣鳳翔府制》、《朝議大夫守吏部尚書曾孝寬可資政殿學士知潁昌府制》非毛滂作，而皆誤收於文集之中。

2796　王利民，二程詩辨僞，江海學刊，2004（2）

【解題】宋潘自牧《記纂淵海》卷二《天文部》載程顥《秋月》詩，其實爲朱熹於《晦庵集》卷二《入瑞岩道間得四絕句呈彥集充父二兄》之第三首；《全宋詩》卷七二四載程頤《陸渾樂遊》詩，其實爲歐陽修《文忠集》卷一《伊川獨遊》；皆是僞作。

2797　周相錄，《元稹集》辨僞與輯佚，古籍整理研究學刊，2005（4）

【解題】現行《元稹集》的主體是北宋宣和年間輯錄刊刻的，南宋、明代及近現代續有辨僞補輯，但其中仍有一些僞作未經甄辨，也尚有一些作品未被輯錄。經過考辨，發現疑僞之作9篇，未輯佚文9篇（包括殘篇）。

2798　余才林，重編《說郛》本《續本事詩》辨僞，中國典籍與文化，2006（1）

【解題】重編《說郛》本題名聶奉先的《續本事詩》所收十五條詩事均見於《詩話總龜》前後集，其中十四條見於前集，錄文順序與《總龜》相同。此《續本事詩》源出元代以後的一百卷本《詩話總龜》，並非《直齋書錄解題》所著錄的聶奉先的《續廣本事詩》，是明人偽造的一都偽書。

2799　張福清，關於張祜詩歌注釋、辨偽、輯佚的幾個問題，中國韻文學刊，2006（2）

【解題】就張祜《石頭城寺》、《送法鏡上人歸上元》、《題贈鹽官池安禪師》、《高閒上人》、《贈貞固上人》、《登金山詩》等詩注釋作辨析和補充，就其真偽進一步尋找論據；又從《四庫全書存目叢書》和《故宮珍本叢刊》中輯出張祜的兩首佚詩，是當今所有張祜詩集中不曾收錄的，值得研究者注意。

2800　曾維剛、鐵愛花，洪邁《野處類稿》辨偽，文獻，2006（3）

2801　耿傳友、王次回《疑雲集》辨偽，中國典籍與文化，2006（4）

【解題】王次回著有《疑雨集》、《疑雲集》。《疑雲集》中的詞竟全部見於清末俞廷瑛《瓊華詞集》，《疑雲集》中的詩也有近二百首見於俞廷瑛《瓊華詩集》，只不過個別文字略有差異而已。《疑雲集》在相當大的程度上實為剽襲、竄改《瓊華詩集》、《瓊華詞集》而成。

2802　鍾書林，陶淵明詩《於王撫軍座送客》辨偽考，固原師專學報，2006（5）

【解題】結合相關史料，從版本文字的差異甄辨、詩歌的文本文字比勘等方面詳加辨考，以求證《於王撫軍座送客》詩作之偽，並力求勾勒其間造偽的遺跡及其變化過程。

2803　葉珠紅，《天祿琳琅》續編本寒山、拾得詩辨偽，興大人文學報，2006（37）

2804　陳耀東，《永樂大典》中的《寒山詩集》——兼述豐干詩的真偽、優劣、分章，唐代文學研究

2805　紀永貴，楊萬里佚文《羅塘許氏族譜序》辨偽，文獻，2007（1）

【解題】《羅塘許氏族譜序》是一篇冒署楊萬里之名的偽作，序文思想淺顯，內容空洞，文筆乏采，其中矛盾之處不在少數，根本不是什麼「很有

價值」的發現。

2806　謝多榮，《穆堂詩文抄》辨僞，文獻，2007（2）

　　【解題】《穆堂詩文抄》是一部書名與著者皆僞、正文內容不僞的僞書，並非李紱所作，而是改其弟李紘《南園詩文抄》而來。

2807　段海蓉，薩都剌詩歌辨僞管窺，中國社會科學院研究生院學報，2007（3）

　　【解題】以薩都剌名下互見詠物詩《鶴骨笛》的作者考述爲例，對薩都剌互見詩情況之複雜、及其考定這些互見詩對薩都剌乃至元詩研究所具有的作用及其意義作一個管窺。

2808　羅鷺，《正思齋文集》辨僞，中國典籍與文化，2007（3）

　　【解題】國家圖書館藏有兩部題爲「夏天祐《正思齋文集》」的稀見元人別集。但《正思齋文集》是一部徹頭徹尾的僞書，其作僞手法非常低劣，只是將元人鄭元祐《僑吳集》的書名、作者和序換掉，正文內容則隻字未改。今按：此爲版本作僞。

2809　張國棟，張祜《石頭城寺》詩非題石頭城清涼寺及兩首佚詩的辨僞——與張福清先生商榷，中國韻文學刊，2007（3）

　　【解題】張祜《石頭城寺》一詩的詩題爲「石城寺」之誤衍，即《嘉泰會稽志》所載新昌縣寶相寺。尹占華先生《張祜詩集校注》一書已經對此進行了考證，石頭城寺並不能認爲是「金陵石頭城清涼寺」之省字。張福清先生據《四庫全書存目叢書》與《故宮珍本叢刊》，從《唐詩韻匯》中輯出的張祜《登樓見白鳥》、《洛陽感遇》兩首佚詩也是僞作。

2810　卞孝萱，《鍾氏族譜》鍾嶸序辨僞——從僞序看文化轉型，六朝歷史與吳文化轉型高層論壇論文專輯，2007

　　【解題】《鍾氏族譜》鍾嶸序與鍾嶸之生平家世、思想皆不合，還運用了鍾嶸絕不可能知道的後世典故，足以說明它是冒名之僞作。

2811　李先耕，《鍾惺文抄》辨僞，文獻，2007（4）

　　【解題】《四庫禁燬書叢刊》第 160 冊收錄的上海圖書館所藏清人抄本《鍾惺文抄》收文七篇（《紀盛詩序》、《學政條約序》、《節錄款則七段》、《江

陰示諸生》、《浣花溪記》、《先師雷何思太史集序》、《蕭氏族譜序》)，除《浣花溪記》、《先師雷何思太史集序》外，其餘皆他人作品。

2812 賈硯農，徐渭《春興詩》冊辨僞考，藝術百家，2007（4）

【解題】《春興詩》冊的文辭當是作僞者自錯，署款時間、地點等則是「妄自附會」造成的。徐渭的書法藝術成就，絕不是「閡絕筆性」者能望其項背的；對徐渭書法風格產生誤解的最重要的原因，就是因爲對大量贗品的錯誤認同，使得我們的判斷產生錯覺造成的。

2813 林清科，宋代僞撰別集考辨，古典文獻研究四編，臺灣：花木蘭文化出版社，2007

2814 張艮，尤袤文集首刻時間考及其詩文辨僞輯佚，古籍整理研究學刊，2008（1）

【解題】考察尤袤文集的版本流傳情況，認爲尤集首刻時間在尤袤當世，其文集在元、明兩代尚有流傳；同時介紹了尤袤文集的最新整理成果，以及辨僞、輯佚情況。

2815 周明初，《湯顯祖全集》中三篇文章辨僞，文獻，2008（1）

【解題】考證《湯顯祖全集》卷五十一《補遺》中所收《何母劉孺人墓誌銘》、《蘄春同知何平川先生墓誌銘》、《題葉氏重修宗譜序》三篇爲僞作。

2816 胡傳淮，張問陶批點《杜詩論文》辨僞，四川職業技術學院學報，2008（4）

【解題】針對北京師範大學圖書館藏《杜詩論文》的張問陶批點辨僞，指出批語的署款時間、批點內容及書法風格等均有與實際不合之處，認爲其批語是僞託張船山而作。

2817 張清華，韓愈《與大顛和尚三書》眞僞考，唐代文學研究，桂林：廣西師範大學出版社，2008

【解題】今本《韓集》外集所存《與大顛三書》中，第一、二書是僞，第三書亦眞亦僞，其中眞中有僞，僞中有眞。

2818 楊鐮，元詩文獻辨僞，文學遺產，2009（3）

【解題】對《荻溪集》、《月屋漫稿》、《月屋樵吟》、《屛岩小稿》、《桃溪

雜詠》、《鯨背吟》、《林屋山人漫稿》、《滄浪軒詩集》（兩種）、《成性齋集》、《正思齋文集》等十餘部作爲善本著錄的元人別集逐一辨僞，探討其作僞規律。

2819　朱紹侯，蔡邕《南陽葉氏大成宗譜源流序》辨僞，南都學壇，2009（5）
　　　【解題】在葉姓文化研究中，對葉姓祖源沈氏有兩種不同意見：一派主張沈尹戌乃楚莊王曾孫，屬羋姓之沈氏；一派主張沈尹戌乃周文王後裔，屬姬姓之沈氏。後者最主要的文獻根據之一，就是所謂蔡邕的《南陽葉氏大成宗譜源流序》。結論：該《序》中有八處紕漏，證明係後世僞括的贋品，不足爲據。

2820　華喆、張帆，《榮祭酒遺文》辨僞，國學研究（第24卷），2009
　　　【解題】題名元人榮肇的《榮祭酒遺文》，並非元人作品，而是出於清人之手（有清蔣氏別下齋抄本）。

2821　王開春，林之奇詩辨僞——兼論《拙齋文集》的版本源流，合肥師範學院學報，2010（1）
　　　【解題】據林之奇《拙齋文集》卷三，《全宋詩》收入到其名下的二十九首詩並非林之奇的作品，是從《宋文鑒》他人作品中挑出，摻入其文集中的；《拙齋文集》大陸現存六部，考察這六個本子的源流及其關係，可知僞作出現的時間大體在元明之際。

2822　楊光輝，關於盧琦《圭峰集》中與薩都剌等人相同作品的版權問題——兼論《圭峰集》的版本，復旦學報，2010（1）
　　　【解題】元盧琦《圭峰集》所收詩歌與薩都剌、陳旅等人相同作品較多，歷來皆認爲《圭峰集》「誤收他人詩作」。通過對《圭峰集》版本及所收相同作品集的著作版本的考證，論證這些相同作品的版權歸屬問題；同時指出萬曆本《圭峰集》「誤收他人詩作」的觀點不成立，而所謂的「傳抄洪武本《圭峰集》」則是「有意作僞之書」。

2823　劉君若，高啓詩歌辨僞箚記，廈門教育學院學報，2010（3）
　　　【解題】高啓詩歌在流傳過程中從其自訂的九百餘篇增至二千餘篇，其間僞作甚多。從詩歌版本流傳過程出發，結合史實和作者生平，對其中《停君白玉巵》等八首詩略作考辨。

2824　徐道彬，《善餘堂文集》辨偽，中國典籍與文化，2010（4）

【解題】從公私文獻著錄、文體風格和思想內容上對該書的真偽情況做了翔實的考論，認為上海圖書館藏的《善餘堂文集》並非全部都是江永的作品。

2825　韓留勇，《六言詩》非孔融作考述，內蒙古電大學刊，2010（5）

【解題】孔融的作品原集久佚，其集中所收錄的三首《六言詩》，自明清以來有兩種不同的觀點：其一認為是他人偽託之作，其二認為是孔融所作。該文據《六言詩》三首所載內容和思想傾向，同時結合孔融生平事蹟，認為此三首《六言詩》非孔融所作，當是另有其人。

2826　劉瑩瑩，唐彥謙詩歌辨偽，文教資料，2010（21）

【解題】《全唐詩》所收的唐彥謙詩歌混入許多他人之作。該文在前人研究的基礎上，對《全唐詩》所收唐彥謙詩繼續研究，考證出幾首贗詩，同時對其中的互見詩也進行梳理考證。

2827　徐擁軍，《陽春集》辨偽獻疑——與木齋先生商榷，廣西社會科學，2011（2）

【解題】木齋先生關於馮延巳《陽春集》大部分詞作皆為偽作，只有少部分阿諛頌讚之作的觀點是不當的，首先對偽詞的來源無法作出交代，其次所舉的各種證據皆缺乏實質性的依據，因此在證據不足的情況下，僅以史書筆記缺乏記載或記之不詳而否認詞史上馮延巳的地位，甚至否認南唐出現類似馮詞的詞作可能性，是不合乎詞史發展進程事實的。

2828　李俊標，曾鞏《遊雙源》辨偽，文獻，2011（3）

【解題】《遊雙源》的作者應當是黃裳而非曾鞏。

2829　張明華，《蕊閣集》作者非辛棄疾確考，宋史研究論叢（第十三輯），保定：河北大學出版社，2012

【解題】署名為「辛稼軒」的集句詩集《蕊閣集》是明人的偽作。理由為：（1）宋代尚未有「韻目詩」的出現，更不會有以韻目為序寫成的集句詩集；（2）《蕊閣集》自序裏提到的「四唐說」以及系統、成熟的集句詩理論，都是宋代不可能出現的，而只能出現在明朝中期以後；（3）該集使用了比辛晚一個半世紀的元人張養的一句詩，這可以說是一個「鐵證」。

2830　徐豔、朱夢雯，蕭統詩歌眞僞及相關問題考論，蘭州大學學報，2012
　　　（3）

　　　【解題】現今常被學者使用的蕭統文集只承認 27 首詩爲蕭統所作。以
輯錄於南宋初期的五卷本蕭統文集、《藝文類聚》所收蕭統詩歌爲主要基礎，
參照《玉臺新詠》《文苑英華》《類要》《樂府詩集》等類書總集，擇其善本，
一一考訂現存蕭統詩歌的眞僞，認爲：可確認 34 首爲蕭統所作，另 8 首存疑
詩作，因有重要文獻依據，也不能輕易否定；《古詩紀》等明代輯佚文集，因
多淆亂，不宜作爲主要文獻依據；長期以來，人們將大量蕭統詩輕易劃歸蕭
綱名下，不僅造成了對蕭統詩歌特徵的偏頗認識，也帶來二蕭詩歌風格具有
重要差異的誤解，並影響到相關的梁代文學派別、階段的描述。

2831　易水霞，《南澗甲乙稿》詩作辨僞及韓詩輯佚，上饒師範學院學報，2013
　　　（2）

　　　【解題】韓元吉是南宋前期一位比較重要的作家，其集稿已散佚，四庫
館臣從《永樂大典》中輯得《南澗甲乙稿》二十二卷。關於韓集中兩首題巫
山圖詩，四庫館臣判斷失誤，其中一首實際上是范成大的作品，被誤收了進
來；另一首本爲韓元吉所作，又被四庫館臣懷疑爲他人作品。此外，作者還
從一些方志中輯得韓元吉佚詩三首。

2832　任文利，王陽明輯佚文字辨僞，中國哲學史，2013（3）

　　　【解題】陽明文字輯佚近來成績斐然，新編《王陽明全集》與《陽明佚
文輯考編年》是其中的代表性著作。所辨析的焦點集中於上述兩書中誤以崔
銑一疏爲陽明佚文，認爲崔銑此疏乃因災異修省之詔，借災異以彈劾時任首
輔費宏，冠以陽明所作既於事實不符，亦於陽明政治心態有曲解。

2833　俞曉紅，曹雪芹「佚詩」辨僞的價值與方法論，文藝研究，2013（4）

　　　【解題】曹雪芹的兩句殘詩兼具文學和史學的雙重價值，其眞僞問題是
20 世紀 70 年代學術界的一樁公案。佐之以敦誠筆記、敦敏題詩等材料，審視
相關文學術語的意涵、文體特徵及其文學史流變情況，考察敦誠《琵琶行》
傳奇的體制與關目，認爲確爲曹雪芹「佚詩」。

2834　顧寶林，民間流傳歐陽修之佚文《郭氏族譜序》辨僞，井岡山大學學
　　　報，2013（5）

　　【解題】民間流傳署名歐陽修撰的《郭氏族譜序》一文，從某些内容和撰寫時間上分析似有可能是歐陽修佚文；然而通過細微環節的比較考析，這篇署名歐陽修作的族譜序文在沒有發現新的文獻證據之前當是後人僞託之作。

2835　王史心，孔融三首六言詩爲僞說糾謬，石家莊職業技術學院學報，2013（5）

　　【解題】對孔融文集中三首六言詩眞實性的質疑由來已久，前人主要集中在語言風格和對曹操的情感傾向兩個方面，當今學人亦有從詩歌内容的角度確定其爲僞作。作者經過仔細分析，認爲：以上這些質疑或判斷都缺乏依據；三首六言詩的内容與孔融生平和歷史事實並無出入；詩歌語言平凡淺近有因可尋；詩歌稱讚曹操功德，與孔曹之間的關係也不相矛盾。

2836　陳鴻森，錢大昕陳鱣詩稿二種辨僞，中國文哲研究集刊，2013（43）

　　【解題】中國國家圖書館《乾嘉名人別集叢刊》中所收錢大昕詩稿《南陽集》六卷，與錢氏年代、事蹟俱不合，其書絕非錢大昕之詩，而係後人據馬曰璐《南齋集》、《南齋詞》變造爲之。文物出版社近年影印《中國近代名賢書札》，中有《陳鱣詩稿冊》一種，其詩風、題材與陳鱣現存之詩迥異其趣；其中《檢乙未鄉闈落卷，有懷房薦師蕭公》一詩，乙未鄉闈爲道光十五年恩科，其時陳鱣卒已十八年，則此詩稿絕非陳鱣之詩，較然甚明；其原作者何人雖莫得而詳，然可確證爲道光、咸豐間人之作。

2837　肖亞男，清代才女王貞儀《德風亭初集》三篇作品辨僞，勵耘學刊，2014（2）

　　【解題】王貞儀《德風亭初集》有三篇作品與另一位清代才女胡慎容相關，胡慎容卒時王貞儀尚未出生，可斷定其爲僞作。

2838　汪國林，《哀輓歌》作者考述，懷化學院學報，2014（4）

　　【解題】南宋類書《錦繡萬花谷》將《哀輓歌》作者定爲盧多遜，《全宋詩》卷十八也將其著作權繫於盧多遜，這實屬誤收；其作者應是唐人盧延讓，其本來詩名應爲《哭李郢端公》。

2839　郭一明，歐陽修《郭氏族譜序》辨析——兼對顧文剖正，尋根，2015（1）

【解題】《郭氏族譜序》確爲歐陽修所作。

2840　陳福康，辨今出《豈有此理》是一本僞書，學術月刊，2015（10）

2841　謝文學，班婕妤生年及其《怨歌行》作年與眞僞考辨，許昌學院學報，2017（4）

【解題】關於班婕妤的出生年代，大都據傅玄、李白《怨歌行》「十五」入宮，再據漢成帝竟寧元年（前 33）即位，上推十五年，認爲班婕妤當生於漢元帝初元二年（前 47）。今據《漢書》與《資治通鑒》的有關資料，提出質疑。徐陵以爲《怨歌行》作於班婕妤退居長信宮時，而郭茂倩《樂府詩集》亦持此種觀點。長期以來不少學者以爲《怨歌行》非班婕妤所作，是篇僞作。今據班婕妤生平事蹟和有關史料加以辨析，考證《怨歌行》爲班婕妤居增捨宮所作，並非僞作。

2842　陳國代，四庫本《雲莊集》眞僞之辨，中國典籍與文化，2018（3）

【解題】比對四庫本《雲莊集》與《西山文集》所收詩文，發現具有同題同文的性質，其中有大量發生在劉爚故後、由眞德秀所撰寫的詩文，由此判斷《雲莊集》是《西山文集》的刪減本，並從版本學角度推論它源自明代坊刻之假託。

詩文評類

二十四詩品

2843　陳尚君、汪湧豪，司空圖《二十四詩品》辨僞，唐代文學研究（第六輯）——中國唐代文學學會第七屆年會暨唐代文學國際學術討論會論文集，1994；唐代文學研究，1996；中國古籍研究（第一輯），上海：上海古籍出版社，1996

【解題】《二十四詩品》係明人依據《詩家一指》僞造。明末作僞者從不爲世重的《一指》中析出《二十四品》，託名於司空圖，並以蘇軾之語爲證，藝術識見和作僞技巧均很高明。今按：其說難以成立。

2844　張健，《詩家一指》的產生時代與作者——兼論《二十四詩品》作者問題，北京大學學報，1995（5）

【解題】同意陳尚君、汪湧豪所提出的《二十四詩品》非司空圖所作及

《二十四詩品》出自《詩家一指》的觀點，但認爲其所提出的明懷悅作《詩家一指》包括《二十四詩品》的觀點是錯誤的。明初趙謙《學範》引用過《一指》，較懷悅的時代早七十餘年；《天一閣書目》著錄懷悅編集《詩家一指》，並錄懷悅敘，可證《詩家一指》非其所作。又考察了《詩家一指》的不同版本系統，認爲史潛刊《新編名賢詩法》本題名爲《虞侍書詩法》的本子更接近原貌，從而根據版本及有關材料認爲《詩家一指》包括《二十四詩品》的作者有可能是元代的虞集。今按：其說難以成立。

2845　汪湧豪，論《二十四詩品》與司空圖詩論異趣，復旦學報，1996（2）

【解題】學界向以《二十四詩品》爲晚唐司空留作，然其通篇充溢道家氣息，與司空氏生平思想、人生理想明顯異趣；司空氏晚年世界觀是以儒爲主，兼修佛道，且從其現存全部論詩雜著看，並無道釋思想闌入；至考究其論詩由「韻味說」而及全工全美理論，並其詩論通常所取方式，與《二十四詩品》所論及所獨有的理論形態區別也甚明顯。論者不及細察，僅憑宋以降歷代人成說定論，不免失之輕率。今按：其說難以成立。

2846　汪泓，司空圖《二十四詩品》眞僞辨綜述，復旦學報，1996（2）

2847　祖保泉、陶禮天，《詩家一指》與《二十四詩品》作者問題，安徽師範大學學報，1996（1）

【解題】以《詩家一指》與《虞侍書侍法》對照，認爲《一指》抄撮成書，而且錯誤多端，令人索解爲難，但其中的《二十四詩品》錄自「秘本」，值得珍視。蘇拭《書黃於思詩集後》中所說的「二十四韻」，指各用一個韻部的字押韻而成的二十四首組詩，實指《二十四詩品》。因此在沒有可靠證據之前，不能輕易否定司空圖是《二十四詩品》的作者。

2848　獨孤棠，司空圖《二十四詩品》眞僞問題討論述要，中外文化與文論，1996（1）

2849　王運熙，《二十四詩品》眞僞問題我見，中國詩學（第五輯），南京：南京大學出版社，1997

2850　張少康，《二十四詩品》眞僞問題我見，中國詩學（第五輯），南京：南京大學出版社，1997

2851　王步高，《二十四詩品》非司空圖作質疑，中國詩學（第五輯），南京：南京大學出版社，1997

2852　汪湧豪，司空圖論詩主旨新探——兼論其與《二十四詩品》的區別，
　　　　中國詩學（第五輯），南京：南京大學出版社，1997

2853　張伯偉，從元代的詩格僞書說到《二十四詩品》，中國詩學（第五輯），
　　　　南京：南京大學出版社，1997

2854　張健，從懷銳編集本看《詩家一指》的版本流傳及篡改，中國詩學（第
　　　　五輯），南京：南京大學出版社，1997

2855　蔣寅，關於《詩家一指》與《二十四詩品》，中國詩學（第五輯），南
　　　　京：南京大學出版社，1997

2856　束景南，王晞《林湖遺稿序》與《二十四詩品》眞僞問題我見，中國
　　　　詩學（第五輯），南京：南京大學出版社，1997

2857　陳尚君，《二十四詩品》辨僞追記答疑，中國詩學（第五輯），南京：
　　　　南京大學出版社，1997

2858　李祚唐，《司空圖二十四詩品辨僞》獻疑，學術月刊，1997（10）
　　　　【解題】《司空圖二十四詩品辨僞》確有多處可圈可點，但仍存在論據
　　欠確鑿、論證欠嚴密之處，有些甚至存在於它自己所選定的關鍵部位。在失
　　去了「二十四韻」即《與李生論詩書》所引二十四聯、懷悅即《二十四品》
　　的作者這兩個根據之後，《辨僞》所作《二十四詩品》爲明末人僞造的結論一
　　時恐還難以確立。

2859　大山潔，《二十四詩品》的著者和成書年代的考察——根據朝鮮本《詩
　　　　家一指》《木天禁語》，東京大學中國語中國文學研究室紀要，1998（1）

2860　大山潔，對《二十四詩品》懷銳說、虞集說的再考察——根據朝鮮本
　　　　《詩家一指》《木天禁語》及日本江戶本《詩法源流》，唐研究（第　4
　　　　卷），北京：北京大學出版社，1998

2861　王步高，關於《二十四詩品》作者問題的爭鳴，晉陽學刊，1998（6）

2862　祖保泉，關於《二十四詩品》作者問題的討論，司空圖詩文研究，合
　　　　肥：安徽教育出版社，1998

2863　江照斌，《詩品》爲司空圖所的可能性之一種探討，中國詩學（第六輯），
　　　　南京：南京大學出版社，1999

2864　趙福壇，司空圖《二十四詩品》研究及其作者辨僞綜析，廣州師院學
　　　　報，2000（12）
　　　　【解題】陳尚君、汪湧豪提出《二十四詩品》作者不是司空圖，而是明

人懷悅，《詩品》內容出自懷悅的《詩家一指》，證據尚欠充足。張健指出《詩品》出自懷悅的「《詩家一指》是錯誤的」，言之有據，但他說《二十四詩品》作者可能是元人虞集似乎無充足理由可以肯定，而虞集所編的《虞侍書詩法》只收《二十四詩品》中的十六品。元、明有關《詩法》、《一指》之類的書，並非某作者所撰著，而是用以指導學詩的編集；宋人陳振孫《直齋書錄解題》著錄《一鳴集》所說的一段話，可證《二十四詩品》出自司空圖之手。

2865　姚大勇，近年《二十四詩品》真偽討論綜述，雲夢學刊，2000（4）

2866　張柏青，從《二十四詩品》用韻看它的產生時代與作者，文學遺產，
　　　2001（1）

　　　【解題】近來學術界對《二十四詩品》的產生時代與作者發生爭論，或曰明人懷悅作，或曰元人虞集撰，或堅持傳統說法晚唐司空圖著。該文考察《詩品》24 則用韻，其中 22 則皆合官韻押韻規定，另 2 則真文通押、支脂之微通押則超出規定範圍；通檢司空圖詩文用韻，與《詩品》完全一致（用韻較寬；韻腳分佈廣；韻例相同；體例相似；韻字多出現），可證實《二十四詩品》確係晚唐詩人司空圖所作。

2867　李慶，也談《二十四詩品》——文獻學的考察，中國文學研究（第四
　　　輯），南昌：江西教育出版社，2001

　　　【解題】司空圖有《詩格》之作，在宋代的《直齋書錄解題》就有記錄。在南宋嚴羽以前的時代，《二十四詩品》的文字就存在。至少在明代成化二年以前，學者就認為嚴羽的《滄浪詩話》是出於包括《二十四詩品》文字的《詩家一指》的。在當時人的心目中，《詩家一指》就是《詩格》的一種，那是一種編纂性的資料。自明代還流傳有若干司空圖文集的本子，但現在，這些本子的詳情已無法判明了。因此，為什麼明末的鄭曼、毛晉、費經虞、錢謙益等會把通行叢書本中《詩家一指》所收的《二十四詩品》認作是司空圖所作，存在著各種可能性。現在無法斷言，他們一定是由於「牟利」故意偽作說或都是誤讀蘇東坡文意所致。從《詩家一指》中所說的「中篇秘本」《二十四品》到《四庫全書總目》的「內府藏本」司空圖的《詩品》，這一條線索的文獻傳承，現在由於資料有限，並不清楚，但決不應等閒視之。即使蘇東坡《書黃子思詩集後》所說的《二十四韻》不是指《二十四詩品》，確實是後人搞錯了，也不等於說，這就可以證明司空圖未撰過詩話著作，未撰過《二十四詩品》。

這二者之間，並沒有必然的邏輯上的因果關係。總之，以現有的資料而言，雖說還沒有明代以前的、被大家公認的、明確標明《二十四詩品》爲司空圖所作的證據，但要斷定那「不是司空圖所作」，證據更薄弱。因而肯定說和否定說都只是「可能性」，都沒有決定性的證據。而在這兩種可能性中，認爲《二十四詩品》是司空圖所作的可能性要更大一些，根據現在學界一般的原則，仍應說《二十四詩品》的作者爲司空圖。今按：此爲此重公案之最後結論。

2868　孫卓虹，《二十四詩品》作者論爭小議，北京化工大學學報，2002（2）

2869　陶禮天，司空圖家世、信仰及著述諸問題綜考，中國詩歌研究（第 1 輯），北京：中華書局，2002

2870　祖保泉，答張燦校友問——討論《二十四詩品》作者問題，安徽師範大學學報，2005（6）

　　【解題】蘇軾所謂「二十四韻」應解作二十四首詩，那種「唐宋人不以一首爲一韻」的說法是不符合實際的；南宋陳振孫《直齋書錄解題》所謂司空圖「《詩格》尤非晚唐諸子所可望也」，即指《二十四詩品》。沒有足夠的證據，不宜斷然剝奪司空圖對《二十四詩品》的著作權。

2871　張少康，《二十四詩品》的眞僞問題辨析，司空圖及其詩論研究，北京：學苑出版，2005

2872　馬茂軍、張海沙，《二十四詩品》作者考，中國社會科學院研究生院學報，2006（2）

　　【解題】《二十四詩品》確非司空圖所作，而是盛唐書畫家、書畫理論家李嗣眞所作；兩唐書《藝文志》著錄有李嗣眞《詩品》一卷，李嗣眞《詩品》著作權的缺失，與其生平事蹟記載的混亂有關；《詩品》超越時代的詩學意義來源於李嗣眞書畫家、書畫理論家的獨特身份和盛唐成熟的書畫理論。今按：此說難以成立。

2873　馬茂軍、張海沙，《二十四詩品》作者考論，唐代文學研究，桂林：廣西師範大學出版社，2006

2874　查屏球，《二十四詩品》的另一傳本，唐代文學研究，桂林：廣西師範大學出版社，2006

2875　王步高，《詩品》眞僞，司空圖評傳，南京：南京大學出版社，2006

　　【解題】《司空圖評傳》第六章，從六方面加以論述：（1）關於蘇軾《書

黃子思詩集後》；（2）從王官穀考察看《詩品》眞僞；（3）論《詩品》之與司空圖詩文用語句法之相似；（4）論所謂《詩品》用宋人詩文；（5）《詩品》乃《擢英集》讚語或引語之假説；（6）關於《詩品》眞僞考的其他幾個問題（包括虞集有無作《詩品》的可能性、從《詩品》的用韻來判斷其眞僞兩段）。此外，該書第七章「《詩品》探微」從正面闡發其意義，也涉及司空圖係《詩品》作者的舉證。

2876　楊芙蓉，由「韻」的詞義探考《二十四詩品》作者，暨南學報，2007（3）

　　【解題】「韻」的本義爲聲音的和諧，引申爲「韻部」、「韻腳」以及詩歌等義，唐宋文獻中主要爲「押韻」之「韻腳」義，也常借指詩歌；而「聯」的意義通常用「句」、「聯」、「秀句」、「句圖」等表示，雖然也有用數詞加「韻」表示類似「聯」的用法，但必須有具體的語境、語義提示，而且「韻」的基本意義仍爲「押韻」之「韻」義。再從文獻流傳方面看，司空圖的《與李生論詩書》的聯語數目在宋代是不確定的，蘇軾的「二十四」只是與其中一種版本巧合而已。因此「二十四韻」解爲「二十四首詩歌」更爲圓融。

2877　郭桂濱，破、立、存疑間前行——《二十四詩品》辨僞過程述論，中國詩歌研究，2007，7，15

　　【解題】對 12 年來的《二十四詩品》辨僞過程進行述評以及探討《二十四詩品》研究的前進方向；並對蘇軾的《書黃子思詩集後》不能作爲一個鐵證使用作了幾點補證。

2878　張柏青，《二十四詩品》用韻的個性特徵與時代特徵——司空圖著《詩品》的佐證，國學研究（第 21 卷），2008

2879　郁沅，《二十四詩品》作者問題新談，湖北社會科學，2010（6）

　　【解題】《二十四詩品》與司空圖在文藝思想上的七個方面具有一致性；《二十四詩品》與司空圖後期思想的主要傾向相吻合；因此《二十四詩品》的作者應是司空圖。

2880　陳尚君，《二十四詩品》僞書說再證——兼答祖保泉、張少康、王步高三教授之質疑，上海大學學報，2011（6）

　　【解題】《二十四詩品》的問世時間還沒有突破十四世紀初（即西元 1300

年）的上限，實乃晚出之作；蘇軾所言「二十四韻」云云，是指《與李生論詩書》，而非指其他文字。今按：此說不能成立。

2881　李欣鑫，《二十四詩品》作者之爭的學術反思，燕山大學學報，2016（4）

詩格

2882　許清雲，現存唐人詩格著述初探，東吳大學中研所碩士學位論文，1978
2883　張伯偉，元代詩學僞書考，文學遺產，1997（3）
　　　【解題】考證舊題楊載撰的《楊仲弘詩法》、舊題嘉禾懷悅編集的《詩法源流》、舊題范德機撰的《木天禁語》、《詩學禁臠》、明代懷悅所編《詩家一指》、舊題揭傒斯撰的《詩宗正法眼藏》、舊題傅與礪《詩法正論》等書皆爲僞書。

《文心雕龍》隱秀篇

2884　張嚴，《文心雕龍》五十篇編次及隱秀篇眞僞平議，大陸雜誌，1961（8）
2885　王更生，文心雕龍成書年代及其相關問題，中華文化復興月刊（第九卷），1976（4）
2886　詹瑛，《文心雕龍》的「隱秀」論，河北大學學報，1979（4）
　　　【解題】第一部分「《文心雕龍・隱秀》篇補文的眞僞問題」，認爲《文心雕龍・隱秀》篇的補文四百多字並非僞作。《隱秀》篇的補文，在萬曆年間經過許多學者，藏書家和畢生校勘《文心雕龍》的專家鑒定校訂過，而且補文當中還有避宋諱缺筆的字，顯然是根據宋本傳抄翻刻的。

2887　楊明照，《文心雕龍隱秀篇補文》質疑，文學評論叢刊（第7輯），1980
　　　【解題】《文心雕龍・隱秀篇》的補文是僞作。

2888　王達津，論《文心雕龍隱秀篇》補文眞僞，文學評論叢刊（第7輯），1980
　　　【解題】《文心雕龍・隱秀篇》的補文確是僞作。

2889　詹瑛，再談《文心雕龍・隱秀》篇補文的眞僞問題，河北大學學報，1982（1）
　　　【解題】《文心雕龍・隱秀篇補文的眞僞問題》《在文學評論叢刊》第二輯發表後，楊明照、王達津兩位同志都寫了商榷文章，表達他們的不同意見。

楊文全部照抄我已經引用的資料,而並沒有提供新的資料,只是他作了不同的解釋。我覺得他作的解釋不足以服人,而學術問題還是平心靜氣地討論爲好。現對楊、王二文再提出不同的意見。

2890　周汝昌,《文心雕龍・隱秀篇》舊疑新議,河北大學學報,1983(2)

【解題】凡已有判定明人抄補的《隱秀》缺文是僞無疑的,察其論證,都不眞正堅強有力。事情畢竟如何,還要深入細密研求才好斷案。

2891　劉躍進,《文心雕龍・隱秀》篇補文的眞僞,中古文學文獻學,南京:江蘇古籍出版社,1997

【解題】見《中古文學文獻學》第三章第六節。

2892　王達津,再論《文心・隱秀篇》補文之僞,古籍研究,1997(1)

【解題】補文不符合劉勰的論隱秀的思想;《文心雕龍》體例很謹嚴,依體例看,作僞者學《詩品》,是與《文心雕龍》體格完全不合的。此外,在用語助詞方面,僞補文有「奚能喻苦」一語,用了「奚」字,《文心雕龍》其他篇都不同「奚」字,這也是作僞之一證。

2893　力之,《文心雕龍・隱秀篇》補文之眞僞辨──兼論張戒引劉勰「情在」兩語之文獻價值問題,東方叢刊(第3輯),2002

【解題】《隱秀》之補文非劉勰所撰,且從版本學之角度,是難以證明補文是眞的。

2894　舉人,《文心雕龍・隱秀》篇補文的由來與眞僞,南京理工大學學報,2005(3)

【解題】經紀昀等人考證後(《四庫全書總目》卷195《文心雕龍》條提要中提出的《隱秀》篇補文爲僞作的理由有三:第一,其書晚出,別無顯證;第二,其詞不類,疑有所本;第三,考之《永樂大典》,亦有闕文),《文心雕龍・隱秀》篇補文爲明人僞撰基本上成爲定論。

2895　廖建榮,《文心雕龍・隱秀》補文證僞,廣東社會科學,2011(2)

【解題】《文心雕龍・隱秀》篇補文眞僞問題的爭論尚未有定論。紀昀、黃侃、劉永濟等人從版本、語言似摭後人文章、缺《歲寒堂詩話》引文來否定其眞實性,但詹鍈和周汝昌一一辯駁。補文的詩文引用,違反了《事類》

篇引用要注明出處、準確的標準；且補文對李陵和班婕妤的評價、偏好「滋味」、詩歌意象，和鍾嶸的《詩品序》極其相近；這些都可證明補文爲僞作。

2896　陳珺，《文心雕龍・隱秀》眞僞新議，語文學刊，2011（2）

【解題】《文心雕龍・隱秀》補文的眞僞問題由來已久，以黃侃、范文瀾爲代表的一派認爲補文爲假，而以詹鍈、周汝昌爲代表的一派則力證補文爲眞（至少沒有確認補文爲假的證據）。該文試圖從補文用詞、比喻和用例等方面爲「補文爲假」這一觀點補充新的證據。

2897　張國慶，《文心雕龍・隱秀》篇補文眞僞問題考論，文學遺産，2013（4）

【解題】《文心雕龍・隱秀》篇原缺一頁約四百字，明萬曆年間此頁文字被尋到、補上；補文的眞僞問題隨即產生，並爲古今衆多學者所一直關注、探討和爭論。該文匯聚前人相關的重要觀點並詳加評說申論，認爲此頁補文應屬僞撰。此外，《隱秀》篇末段又有兩處明代補文，其一爲後來的學者們一致認爲當補，其二則肯定與否定者皆有，作者則認爲兩者皆不當補；並據考定的《隱秀》殘文，推測出其全篇原貌。

文章緣起

2898　吳承學、李曉紅，任昉《文章緣起》考論，文學遺産，2007（4）

【解題】自六朝至明代，《文章緣起》作者皆署任昉；至《四庫全書總目》始認爲任昉原本在隋代已亡佚，懷疑現傳本爲依託之書。該文對《總目》疑爲依託的主要理由一一加以考辨，認爲它們不能成立，其結論不可採信，並主張以慎審的態度尊重唐宋以來的傳統説法。今按：此論平允可信。

2899　楊賽，《文章緣起》的眞僞問題，北京科技大學學報，2009（2）

【解題】四庫館臣説《文章緣起》爲僞作的四條理由均不充分，後人因之附會的一些理由更不能成立。山堂考索本《文章緣起》是張績的增補本，張績對《文章緣起》作過個別注釋，並可能從梁代的物原論中補入了三十四種文體。除非能夠舉出更有力的證據，否則，《文章緣起》中的大部分內容仍可認定爲任昉所作。

2900　俞芸，《述異記》及《文章緣起》眞僞考辨，河南教育學院學報，2011（2）

　　【解題】《崇文總目》記載《述異記》及《文章緣起》爲南朝（齊、梁時期）任昉所著。清代學者對此提出異議，《四庫全書總目》疑今本《述異記》及《文章緣起》爲後人僞託任昉之名所作。有學者認爲，《四庫全書總目》所提出的疑僞之説不足爲信。今本《文章緣起》雖然對文體辨析有煩瑣可議之處，在某些條文上有被後人羼入的可能，但在沒有新材料發現的情況下，不可輕易判定今本《文章緣起》爲僞作。

後山詩話

2901　周祖譔，《後山詩話》作者考辯，廈門大學學報，1987（1）

　　【解題】《後山詩話》爲陳師道所作。

2902　李妮庭，《後山詩話》眞僞辨析，書目季刊，2003（2）

2903　谷建，《後山詩話》作者考辨，河南師範學院學報，2004（2）

　　【解題】《後山詩話》雖有疑點，但至今尚無翔實確鑿證據以證其僞。

樂府古題要解

2904　成明明、孫尙勇，吳兢《樂府古題要解》略考，文獻，2004（4）

2905　高山，《樂府古題要解》考，蘭州文理學院學報，2014（1）

　　【解題】通過對《樂府古題要解》内容的解讀及歷代著錄情況的梳理，認爲今本《樂府古題要解》内容雖然是吳兢所作，但序卻非原貌，乃是劉餗《樂府古題解》的序言，其作僞時間也應爲南宋時期而非《四庫全書總目》所認爲的元代。

其他

2906　程中山，僞書《厚甫詩話》成書考述——兼論清代廣東詩話中「南來學者」的情意結，中國典籍與文化，2005（3）

　　【解題】現傳清代江蘇元和陳鍾麟《厚甫詩話》是一本僞書，原爲清代廣東番禺方恒泰《橡坪詩話》，蓋出於書商牟利所造成的；僞書先後刊刻了兩次，已湮沒了原書的生存空間；僞書曾竄改了書名及作者之名，而原封不動地保留了原書的内容，露出了很大的破綻；書商作僞動機之一乃出於清代粵人推崇南來學者之故；清代廣東詩話頗能體現出一種推重南來學者的情結。

2907　余珊珊，《木天禁語》考辨，河北北方學院學報，2009（5）

　　【解題】舊題范梈的詩法著作《木天禁語》，後人對其眞僞多有爭辯。通過對《木天禁語》的版本對比、辨體、范氏的詩評特徵等方面的探究，認爲《木天禁語》一書乃前人假託范梈之名所著，卻也是元代詩學觀念較爲典型的體現。在中國古代詩論中有許多託名之作，這大抵是爲了便於流傳。

詞曲類

斷腸詞

2908　繆鉞，論朱淑眞生活年代及其《斷腸詞》，四川大學學報，1991（3）

2909　任德魁，朱淑眞《斷腸詞》版本考述與作品辨僞，文學遺產，1998（1）

岳飛《滿江紅》詞

2910　夏承燾，岳飛《滿江紅》詞考辨，浙江日報，1962，9，16

2911　谷斯範，也談岳飛的《滿江紅》詞，浙江日報，1962，10，14

2912　中一，岳飛的《滿江紅》，貴州日報，1962，11，25

2913　學初，岳飛《滿江紅》詞眞僞問題，文史，1962（1）

　　【解題】余嘉錫考證岳飛《滿江紅》爲僞作證據不足。

2914　村愚，《滿江紅》確爲岳飛作之一證，中國史研究，1979（2）

2915　孫述宇，岳飛的《滿江紅》？──一個文學質疑，中國時報，1980，9，10

2916　李安，瀟瀟雨未歇──岳飛的《滿江紅》讀後，中國時報，1980，9，21

2917　徐沁君，岳飛《滿江紅》詞眞僞問題新探，揚州師院學報，1980（2）

2918　梁志成，《滿江紅》詞非岳飛作又證，中山大學學報，1980（3）

2919　鄧廣銘，岳飛的《滿江紅》不是僞作，文史知識，1981（3）

2920　吳戰壘，難以推倒的疑案──談岳飛《滿江紅》詞，文史知識，1981（3）

2921　吳戰壘，《滿江紅》詞是岳飛作的嗎？文史知識，1981（1）

2922　張啓成，「賀蘭山」是實指還是借指？──也談岳飛《滿江紅》的眞僞，貴州社會科學，1982（1）

2923　唐圭璋，讀詞續記，文學遺產，1981（2）

2924　王瑞來，斷語不可輕下——也談岳飛《滿江紅》詞的眞偽，寧夏大學
　　　　學報，1981（4）

2925　李安，踏錯賀蘭山，中國時報，1982，1，6

2926　鄧廣銘，再論岳飛的《滿江紅》不是偽作，文史哲，1982（1）；鄧廣
　　　　銘治史叢稿，北京：北京大學出版社，1997

2927　喻朝剛，也談岳飛的《滿江紅》，中州學刊，1982（1）

2928　王波清、司丙午，岳飛《滿江紅》詞考的一個重要例證，河南師大學
　　　　報，1982（2）

2929　谷斯範，王越與《滿江紅》詞無關，文史哲，1983（2）

2930　夏承燾，岳飛的《滿江紅》詞考辨，夏承燾集（第二冊），杭州：浙江
　　　　古籍出版社，浙江教育出版社，1997

2931　馬里千，賀蘭山和岳飛《滿江紅》詞中的賀蘭山，中華文史論叢（第3
　　　　輯），1984

2932　秋楓，岳飛《滿江紅》詞眞偽研究綜述，文史雜誌，1985（2）

2933　王克、孫本祥、李文輝，從「賀蘭山」看《滿江紅》詞的眞偽，文學
　　　　遺產，1985（3）

2934　能遲，關於岳飛《滿江紅》詞的眞偽問題，文學遺產，1985（3）

2935　李莊臨等，岳飛《滿江紅》詞新證，南開學報，1986（6）
　　　　【解題】公佈了新發現的岳飛與祝允哲的兩首《滿江紅》唱和詞，爲進
一步探討世傳岳飛《滿江紅》詞的眞偽問題提供了新的重要文獻。

2936　王學大，岳飛《滿江紅》（怒髮衝冠）的眞偽問題，建國以來古代文學
　　　　問題舉要，濟南：齊魯書社，1987

2937　周少雄，祝氏譜及岳飛《滿江紅》詞考議，文學遺產，1988（5）
　　　　【解題】祝氏譜資料確有其可珍之處，至少它爲我們提供了岳飛《滿江
紅》早期流傳的另一版本文字，有了這一異文，也許歷來糾纏不清的岳飛詞
的「賀蘭山缺」、自用典故之疑就可以冰釋了。

2938　楊佐義，八三年以來岳飛《滿江紅》詞眞偽問題研究綜述，長春師範
　　　　學院學報，1995（2）

2939　陳非，《滿江紅》（怒髮衝冠）只能是岳飛的作品，文史知識，1995（12）

2940 馮鐵金，也談《滿江紅》（怒髮衝冠）詞的作者問題，溫州師範學院學報，1997（1）

【解題】從三個新的角度論證了《滿江紅》不是岳飛的作品：（1）從宋人對「靖康事件」的評價來看，岳飛決不敢說出「靖康恥，猶未雪」這樣的話；（2）湯陰岳王廟中署名岳飛的《滿江紅》詞，實際上是明代的袁純假託岳飛之名所作的；（3）岳飛寫的一些不很有名的詩詞，宋人多有記載徵引，而千古傳誦的《滿江紅》卻無記載徵引，可反襯該詞不是岳飛所作。

2941 郭光，岳飛的《滿江紅》是贋品嗎，岳飛集輯注，鄭州：中州古籍出版社，1997

2942 朱仲玉，《滿江紅》詞是岳飛寫的嗎，語文世界，2001（1）

2943 汪榮祖，神化的岳飛及其《滿江紅》詞的眞偽，歷史月刊，2001（161）

2944 王曾瑜，岳飛《滿江紅》詞眞偽之爭辨及其繫年，文史知識，2007（1）

2945 王霞，岳飛作《滿江紅》詞「新證」辨析，古典文獻研究，2009

【解題】認爲《滿江紅》詞出於偽託。

2946 陳世傑，《滿江紅·怒髮衝冠》詞作者綜論——兼與惠康祐同志商榷，南陽師範學院學報，2014（4）

【解題】自從 20 世紀 30 年代著名學者余嘉錫在《四庫提要辯證》一書的《岳武穆遺文》一篇中對《滿江紅》一詞的作者提出質疑之後，疑者漸眾，一般有三種懷疑：岳飛說、王越說和于謙說。通過考證史料，結合岳飛、王越、于謙的自身經歷，認爲此詞的作者應爲岳飛無疑，並進一步指出了其他觀點的論證不周和失之嚴謹。

2947 王晨軒，關於《〈滿江紅〉作者應爲于謙》一文的史源問題，邢臺學院學報，2018（4）

【解題】《〈滿江紅〉作者應爲于謙》一文提出《滿江紅》的詞作者應是明朝名臣于謙，觀點與以往不同，但是所提出的證據不充分，在語言敍述上也有矛盾，並不能證明《滿江紅》的作者就是于謙。

西廂記

2948 馬玉銘，《西廂記》第五本關續說辯妄，文學，1934（6）

2949 魏復乾，《西廂記》著作人氏考正，逸經，1936（19）

2950　賈天慈，關於《西廂記》的作者，逸經，1937（24）

2951　魏復乾，關於《西廂記》的作者：再與賈先生商討西廂記的作者，逸經，1937（34）

2952　退翁，關於《西廂記》的作者：關於西廂記，逸經，1937（34）

2953　賈天慈，關於《西廂記》的作者：再和魏先生商榷，1937（34）

2954　王季思，《西廂記》作者考，國文月刊，1944（28～30）

2955　周妙中，《西廂記》雜劇作者質疑，文學遺產增刊（第五輯），北京：作家出版社，1957

【解題】《西廂記》雜劇可能與關漢卿、王實甫無關。

2956　陳中凡，關於《西廂記》創作時代及其作者，江海學刊，1960（2）

2957　陳中凡，關於《西廂記》雜劇的作者問題，光明日報，1961，1，29

2958　陳中凡，再談《西廂記》的作者問題，光明日報，1961，4，30

2959　王季思，關於《西廂記》作者進一步探討，光明日報，1964，7，9

2960　張清華，也談《西廂記》的作者問題——向陳中凡先生請教，天津日報，1961，8，16

2961　陳中凡，關於《西廂記》作者問題的再進一步探討，光明日報，1961，10，22

2962　董如龍，《西廂記》作者關、王二說辨析，上海社會科學院學術季刊，1985（2）

【解題】據元明兩代大量材料辨析，得出關作說的可信性勝於王作說的結論。

2963　吳金夫，《西廂記》應為關漢卿所作，西北大學學報，1985（4）

2964　蔣星煜，《西廂記》作者考——《〈西廂記〉作者關、王二說辨析》之再辨析，河北師院學報，1988（1）

2965　孔繁信，雜劇《西廂記》作者新探，東嶽論叢，1988（4）

【解題《西廂記》的原作者是關漢卿，今傳本《西廂記》是「關作王修」。

2966　陳紹華，關漢卿也創作過一本《西廂記》——兼論《西廂記》之王作關續說，揚州師院學報，1992（1）

【解題】通過對元曲創作實際和明清曲論中有關內容的研究，提出元代有《關西廂》與《王西廂》並存於世的看法，力圖為解決明清以來一直爭議

不休的《西廂記》作者問題，尋找出一條新的路子。

2967 徐子方，從關漢卿現存作品看《西廂記》作者問題，江海學刊，1995
（5）

【解題】《西廂記》作者問題歷來存在著王實甫作、關漢卿作、關作王修、王作關續四種說法，由於留存史料有限，迄今一無定論。該文意在另闢蹊徑，從作品內證入手，以期說明無論是對《西廂記》本事的偏愛，還是情節安排的手法及語言運用的習慣，關漢卿都與《西廂記》創作有著密不可分的關係，作為《西廂記》的主要作者應當說是毋庸置疑的。

2968 徐子方，《西廂記》「王作關續」說辨析，藝術百家，2001（4）

【解題】《西廂記》「王作關續」說本無可靠證據，後人則以訛傳訛，故而屬文以辯析。

2969 鄧紹基，王實甫的活動年代和《西廂記》的創作時間，文化遺產，2012
（4）

【解題】前人關於王實甫的活動年代及《西廂記》的創作時間有多種說法，但多難取信。綜合各種材料來看，實甫大約生於金亡之際，主要活動年代在至元到大德年間，或卒於大末、皇慶初。其代表作《西廂記》大約寫於元成宗、元貞、大德年間。此外，《度柳翠》一劇可斷定非王實甫所作。

琵琶記

2970 朱建明、彭飛，論《琵琶記》非高明作，文學遺產，1981（4）

【解題】（一）《元譜》所輯《琵》劇產生於元代中葉，是明清流行的通行本的祖本，原作已不見於人世，作者不詳；（二）《九宮正始》中提到的高東嘉古本《琵》劇，是天曆至正間的本子，不是《元譜》輯曲的《琵》劇，為東嘉高先生所編，高先生很可能是一位信奉道教的書會才人，但不是高明，更不可能是高拭；（三）高先生的古本是宋戲文《趙貞女》的改編本，或者還是《元譜》《琵》劇的整理本，因此，巾箱本和陸貽典本均有「編集」的字樣；（四）明清流行的通行本則是在高先生古本基礎上修訂而成，它的修訂者是誰，是傳說中的朱教諭還是其他人，由於目前無資料可證，只能存疑。

2971　徐朔方,《琵琶記》的作者問題,社會科學戰線,1981（4）

【解題】《琵琶記》不是高明的個人創作,而是高明就民間流傳已久的舊本所作的創造性改編和寫作。

2972　劉孔伏,《論〈琵琶記〉非高明作》質疑,內蒙古師大學報,1988（2）

【解題】《琵琶記》為高明所作,不容置疑。

其他

2973　孫克強、張東豔,《詞統源流》等四部詞話偽書考,文學遺產,2004（5）

【解題】署名彭孫的《詞統源流》、《詞藻》和署名李良年的《詞壇紀事》、《詞家辯證》四部詞話的真偽以及它們與徐釚《詞苑叢談》之間的關係一直是個懸案。唐圭璋曾指出四部詞話乃書商由《詞苑叢談》中割裂而成的偽作,王熙元則持相反的觀點。該文進一步證實了唐圭璋的論斷。

2974　任德魁,《全宋詞》滕甫作品辨偽,文學遺產,2008（1）

【解題】《全宋詞》將《蝶戀花》二詞輯入滕甫名下實為承襲《永樂大典》之誤,二詞中前一闋為華嶽原作,後一闋為趙希蓬和作。

2975　邵育欣,《楊太後宮詞》辨偽,中國典籍與文化,2008（2）

【解題】在比勘明清幾種版本的基礎上,結合宋代歷史與文獻,對《宮詞》中一部分詩句的寫作內容和風格進行分類分析,從而認為三十首本為偽作,而後來補入二十首的五十首本更為偽中作偽的偽作。

2976　鄒同慶、王宗堂,宋詞辨偽例說,中國蘇軾研究（第四輯）,北京:學苑出版社,2008

2977　劉永翔,傳顧亭林《遊廬山詞》辨偽,傳統中國研究集刊（第八輯）,2009

2978　彭潔明,今傳本《詞林萬選》辨偽,詞學,2011（1）

2979　韓立平,孔平仲《千秋歲》詞辨偽,中國典籍與文化,2011（1）

【解題】吳曾所云「嘗見諸公唱和親筆」,不可遽信。孔平仲或曾有《千秋歲》詞寄秦觀,後散佚,只存前闋,好事者據李之儀《千秋歲》後闋竄改而補之,作偽者或即吳曾,或吳曾所見已為偽作。

2980　付燕,黑水城文獻《劉知遠諸宮調》創作時期及作者考辨,西夏學,

2013（2）

【解題】黑水城文獻《劉知遠諸宮調》自問世以來就備受爭議，關於其創作時間更是學術界爭論的焦點。該文辨析代表人物爲龍建國、武潤婷和王昊三人的爭論所在，肯定龍建國之產生於北宋、改編於金代的説法更爲可靠。並通過補正，認爲相對於金代，北宋末年的山西更具備產生《劉》文的天時、地利及人和因素。並推測其作者是孔三傳這類山西本土的民間説書藝人；《劉》文在西夏流傳，反映出了西夏藝人潤色和改編的印記。

明清小説類

西遊記

2981　胡適，《西遊記》考證，讀書雜志，1923（6）

【解題】小説《西遊記》是淮安嘉靖中歲貢生吳承恩作的，與邱處機《西遊記》完全無關；齊天大聖的原型來自印度最古的紀事詩《拉麻傳》裏的哈奴曼；《西遊記》被這三、四百年來的無數道士、和尚、秀才弄壞了，它的文學價值在於詼諧，能使人開口一笑，這一笑就把那神話「人化」了，而且這種詼諧的裏面還含有一種尖刻的玩世主義。

2982　章培恒，百回本《西遊記》是否吳承恩作，社會科學戰線，1983（3）

【解題】明清的各種《西遊記》刊本沒有一部署名吳承恩，天啓《淮安府志》雖有「吳承恩《西遊記》」的著錄，但並未説明《西遊記》是通俗小説，且天啓《淮安府志》的編者是否會著錄一部通俗小説也是問題；《千頃堂書目》將其歸入史部地理類，則吳作《遊西記》當是遊記性質的作品，大概是記述其爲荊府紀善時的遊蹤的；書中方言，情況複雜，根據現有材料，只能説長江北部地區的方言是百回本以前的本子就有的，百回本倒是增加了一些吳語方言，不但不能證明百回本的作者是淮安人吳承恩，倒反而顯出百回本的作者可能是吳語方言區的人；至於其他幾條旁證，也都不能成立，有的甚至可作爲非吳承恩作的旁證。

2983　張靜二，有關《西遊記》的幾個問題，（臺灣）中外文學，1983（5～6）
2984　蘇興，也談百回本《西遊記》是否爲吳承恩所作，社會科學戰線，1985（1）

【解題】吳玉搢、阮葵生、丁晏以至魯迅、胡適，都是把天啓《淮安府志》卷十九《藝文志·淮賢文目》著錄吳承恩《西遊記》一事，與卷十六《人物志·近代文苑》介紹吳承恩「復善諧劇，所著雜記幾種，名震一時」一段話對起來讀，仔細思考，得出的結論：天啓《淮安府志·淮賢文目》著錄的吳承恩《西遊記》是指百回本小說。明刻《西遊記》雖未署作者名，卻由陳元之的序透露出作者是「八公之徒」，與吳承恩身份合；其校者華陽洞天主人是吳承恩友人李春芳，證明作者是吳承恩。

2985 楊秉琪，章回小說《西遊記》疑非吳承恩所作，內蒙古師大學報，1985 （2）

【解題】判定吳承恩是章回小說《西遊記》的作者的唯一根據是明天啓《淮安府志》的著錄，但明清兩代的地方志書目都不收錄任何章回小說，故吳氏的《西遊記》不會是章回小說；而略後於吳氏的《千頃堂書目》已明白無誤地判定它只是一篇記遊性質的文言筆記。

2986 彭海、張宏梁，吳承恩寫定百回本《西遊記》的語言標誌，貴州文史叢刊，1985（3）

【解題】《西遊記》前七回與其後各回是相通的，也是出於吳承恩手筆。

2987 謝巍，百回本《西遊記》作者研究，中華文史論叢，1985（4）

【解題】吳承恩自隆慶二年至萬曆十年間的蹤跡，沒有遠走西陲，也沒有去過蘄州，更不會再去「屈就」荊府紀善，因此沒有撰遊記之類的《西遊記》；《千頃堂書目》的著錄有很多錯誤（有的並沒有看到原書，或稍檢讀原書，僅憑書名著錄；有的分類顯然不當，隨意設門，混雜不清），既能將小說家之書，如伍袁萃《林居漫錄》、楊慎《山海經補注》、王崇慶《山海經釋義》分入史部別史類和輿地類，那麼將吳承恩作的小說《西遊記》分入史部輿地類就不足為奇了。又考察吳承恩的行跡與親友，認為他懂吳語的可能性很大，不能以此來否定吳承恩的著作權。

2988 柳存仁，全真教和小說西遊記，明報月刊，1985（9）

2989 章培恒，再談百回本《西遊記》是否吳承恩所作，復旦學報，1986（1）

【解題】這是對蘇興《也談百回本〈西遊記〉是否吳承恩所作》一文提出的四個方面分歧的回應。天啓《淮安府志》的著錄既不足以證明吳承恩《西

遊記》是百回本小説，從現存明清刊本《西遊記》的署名、校者和方言等方面也找不到此書是吳承恩作的證據，《千項堂書目》的分類目前又還難以推翻，似百回本《西遊記》與吳承恩《四遊記》並非同一部書的説法更處於有利地位。

2990　歐陽健，河陰知縣吳承恩不是《西遊記》作者吳承恩，許昌學院學報，1986（1）

2991　蘇興，介紹、簡評國外及我國臺灣學術界對《西遊記》作者問題的論述，東北師大學報，1986（3）

2992　楊子堅，吳承恩著《西遊記》詳證，南京大學學報，1987（4）

【解題】《西遊記》的作者爲吳承恩，但並非吳承恩一人的功勞，而是群眾創作和作家創作相結合的産物。

2993　陳君謀，百回本《西遊記》作者臆斷，蘇州大學學報，1990（1）

【解題】吳承恩不具備作小説《西遊記》的條件，他寫的《西遊記》是遊記性質的作品；陳元之即華陽洞天主人，亦即百回本《西遊記》的作者。

2994　陳澈，吳承恩作《西遊記》的內證，北方論叢，1990（2）

【解題】《西遊記》中九十六、九十七回唐僧師徒被誣下獄與吳承恩任長興縣丞時所遭「冤獄案」極其相似，吳承恩的荊府紀善之任與書中「玉華王府」有直接、密切的聯繫，此二例恰是吳承恩作《西遊記》的內證。

2995　王興亞，《西遊記》作者吳承恩考辨，文史雜誌，1990（3）

2996　蔡鐵鷹，關於百回木《西遊記》作者之爭的思考與辯證，明清小説研究，1990（Z1）

【解題】在對「是」與「否」雙方的材料作了面上的邏輯思考和研究了《西遊記》的方言之後，認爲否定吳承恩爲《西遊記》作者的證據是不充分的，至少目前還不能對吳承恩的地位構成眞正的威脅。

2997　廉旭，《百回本〈西遊記〉作者臆斷》質疑，蘇州大學學報，1991（1）

【解題】吳承恩無論是中年還是老年期間都沒有西行的經歷，不具備寫遊記性質《西遊記》的條件；《千傾堂書目》將吳承恩的《西遊記》歸入「輿地類」是否是誤載的問題仍有待考證；作者受歷史的局限，其思想十分錯綜複雜，需要全面考察；陳元之不是訂校者，起碼不是作者。

2998 吳聖昔，陳元之不可能是《西遊記》作者——評《百回本〈西遊記〉作者臆斷》，蘇州大學學報，1991（3）

【解題】陳元之的《西遊記序》是可信的，陳元之極有可能就是華陽洞天主人，但他不可能是《西遊記》作者；對吳承恩作《西遊記》說，雖然一直有論者持懷疑態度，但似乎至今缺乏充足理由來加以推翻，更沒有找到比吳承恩更具說服力的另一位作者真正寫過《西遊記》。

2999 徐朔方，論《西遊記》的成書，社會科學戰線，1992（(2)；小說考信編，上海：上海古籍出版社，1997

【解題】《西遊記》是世代積累型集體創作，至遲在明初已經成書，它不是個人創作；吳承恩如果是他的寫定者之一，論證還有待補充。

3000 張秉健，一百回本《西遊記》作者辯證，中南民族學院學報，1993（4）

3001 劉振農，「八公之徒」斯人考，中國人民警官大學學報，1995（2）

3002 李安綱，吳承恩不是《西遊記》的作者，山西大學學報，1995（3）

【解題】吳承恩是一位儒生，四十五歲以前熱衷科舉，四十五歲以後著《禹鼎志》（該書序中說他少好奇聞，30歲以後搜羅更多，因為喜愛唐人傳奇，所以「每欲作一書付之，懶未暇也。轉懶轉忘，胸中之貯者消盡。獨此十數事，磊塊尚存。日與懶戰，幸而勝焉。」《禹鼎志》這種志怪小書的創作過程都如此艱難，更何況百回本《西遊記》了），儘管能詩文、善雜記，但沒有接觸過玄門釋宗，沒有學過佛、修過道；從其詩文及文友詩文記載中看，從未說過寫小說之事；從《西遊記研究資料》所選錄的吳承恩詩文看，他對金丹學、佛學等方面的瞭解與小說《西遊記》有很大差異。《二郎搜山圖》乃據元人李在的雜劇《二郎醉射鎖魔鏡》而創作，吳承恩《二郎搜山圖歌》即為此圖所作，絕非《西遊記》的胚胎。魯迅、胡適等人依據《淮賢文目》認為小說《西遊記》作者是吳承恩，然文目當為文章或文集的輯目，不是書目，《西遊記》收入《淮賢文目》之中，並未收入《淮人書目》之中，則收入文目之中的《西遊記》，可能是一篇遊記類的文章，而不是小說《西遊記》。因此，吳承恩不是小說《西遊記》的作者。

3003 劉振農，再論《〈西遊記〉的作者與性質》——兼評當前西遊研究中的一種新說，中國人民警官大學學報，1997（1）

3004 蔡鐵鷹，《西遊記》作者確為吳承恩辯，晉陽學刊，1997（2）

3005　晉東南師範專科學校中文系，是奧義發明，還是老調重彈？——評李安綱教授的《西遊記》研究，山西師大學報，1997（2）

3006　黃霖，關於《西遊記》的作者和主要精神，復旦學報，1998（2）

　　【解題】吳承恩確實不像是百回本小說《西遊記》的作者，其書原本可能出自端王朱觀時期的魯王府。《西遊記》的寫定者主觀上想通過塑造孫悟空等藝術形象來宣揚「三教合一」化了的心學，但孫悟空在客觀上成了有個性、有理想、有能力的人性美的象徵，全書不自覺的讚頌了一種與明代中後期的文化思潮相合拍的追求個性和自由的精神。

3007　李舜華，《西遊記》作者問題的回顧與反思，古典文學知識，1999（4）

3008　李安綱，爲什麽說吳承恩不是《西遊記》小說的作者，河東學刊，1999（1）

3009　李安綱，再論吳承恩不是《西遊記》作者，唐都學刊，2000（4）

3010　沈承慶，話說吳承恩：《西遊記》作者問題揭秘，北京：北京圖書館出版社，2000

3011　張燕、胡義成，《西遊記》作者和主旨再探，甘肅社會科學，2001（1）

3012　張燕、胡義成，追加《西遊記》作者文——《西遊記》作者和主旨再探，大理師專學報，2001（1）

3013　胡義成，《西遊》作者：撲朔迷離道士影，陰山學刊，2001（9）

　　【解題】從元初關中隴山道教文化區有關史實分析出發，認爲《西遊記》作者不是吳承恩，今本《西遊記》之祖本《西遊記（平話）》係全眞教創始人之一丘處機麾下道士史志經等人所撰。把《西遊記（平話）》的產生放在關中道教文化區（在明代包括隴山道教文化區，含隴東崆峒山道教文化區等）歷史、民俗、地理等層面來理解，《西遊記》研究中的一系列謎團也可進一步獲解。孫悟空形象的產生確與党項西夏密不可分，它在關中隴山道教文化區的完善，與該文化區與寧夏鄰近並吸取其文化成份有關。羌族祭祀「端公」的保護神即是「猴頭祖師」，其中党項族的圖騰恰是猴子，後來在寧夏建立西夏國。目前，不僅已經在寧夏發現了元抄本《銷釋眞空寶卷》，它與《平話》情節極多重合；而且在甘肅安西榆林窟的西夏繪畫中，也發現唐僧、猴行者和白馬合作西行的形象。胡適等人認爲猴行者形象可能是「進口貨」，顯然是對西北民族文化史和民俗不甚清楚的表現。

3014 敦玉林，《西遊記》及其作者與盱眙，明清小說研究，2001（4）

【解題】《西遊記》是一位留跡盱眙、十分熟悉盱眙的自然風貌、深諳盱眙的歷史人文（包括語言）且對盱眙懷有深厚感情的才俊之士所作。

3015 曹炳建，回眸《西遊記》作者研究及我見，遼寧師範大學學報，2002（5）

【解題】天啓《淮安府志》著錄小說《西遊記》，係照抄吳承恩的好友陳文燭所撰《淮安府志》；吳承恩的《對酒》詩透出的信息，可看作吳承恩寫作小說《西遊記》的重要證據。

3016 吳聖昔，究竟誰是造物主──《西遊記》作者問題綜考辯證錄，明清小說研究，2002（4）

【解題】前世本由吳承恩改編，世本由華陽氏校定，對最後完成《西遊記》版本發展的百回定格作出了重要貢獻，當然都可稱爲作者。如果一定要找出具體人來代表《西遊記》這一名著的造物主，在目前情況下，只能說是吳承恩和華陽氏他倆，或者說是吳承恩改編，華陽氏訂定。

3017 李洪甫，吳承恩的《西遊記》成書與連雲港花果山，淮海工學院學報，2003（1）

【解題】吳承恩的行跡和交遊、吳氏家族與江蘇連雲港雲台山（尤其是花果山）這一背景地，與吳承恩創作的《西遊記》存在著千絲萬縷的關聯，尤其是結合書中所描繪的各種故事情節的發生景致與當時雲台山各個景地之比較，包括書中各主要人物及大量運用的雲台山地區民間的民俗、文獻、文物史料、鄉老傳說等的取材，可得出結論：連雲港的花果山即爲吳承恩小說《西遊記》中花果山之原型。今按：此說難以成立。

3018 胡義成，《西遊記》定稿人與全眞教關係考，杭州師範學院學報，2003（2）

【解題】從明代道教秘史等若干方面認定，今本《西遊記》定稿人是明代嘉靖、萬曆年間居於江蘇茅山乾元觀的全眞龍門派道士，其中閻希言（閻蓬頭）師徒可能性最大。今按：此及臆說。

3019 薛梅，《西遊記》作者研究的源起及討論綜述，水滸爭鳴，2003

3020 黃毅、許建平，百年《西遊記》作者研究的回顧與反思，雲南社會科

學，2004（2）

【解題】《西遊記》作者研究大體經歷了無作者，推衍作者爲丘處機、吳承恩；否定邱處機，考訂作者爲吳承恩；否定吳承恩，尋覓新作者的探索歷程。新的探尋沿著 3 個方向展開：由作序者、校者「華陽洞天主人」尋找作者；將目光移向「王府」、「八公之徒」；認定此書必爲道士——丘處機之門徒所作。在不斷否定中推進，思路愈開闊，偶有新資料發現，然距確定作者尚遠。

3021　宋克夫，吳承恩著《西遊記》新證，明清小說研究，2004（2）

【解題】目前許多學者認爲《西遊記》與《吳承恩詩文集》不是出於吳承恩一人之手，而該文以《吳承恩詩文集》中的《贈張樂一》一詩爲證，考查了《贈張樂一》與明代心學思潮在反對主體放縱、要求人格自我完善上的一致性及《贈張樂一》與《西遊記》在思想和語言上的一致性，從而爲吳承恩著《西遊記》找到一條新的證據。

3022　顧潔誠，《西遊記》作者之我見，古典文學知識，2004（5）

3023　楊俊，《西遊記》作者之爭的回溯與思考——兼與顧潔誠先生商榷，運城學院學報，2005（4）

3024　楊俊，關於百回本《西遊記》作者研究回顧及我見，淮海工學院學報，2005（4）；2006（1）

【解題】通過對近百年來關於百回本《西遊記》作者研究的回顧，清理了這段歷史公案的關鍵環節：天啓《淮安府志》的記載、《千頃堂書目》的著錄、淮安方言、華陽洞天主人等與作者的關聯，力主解決這段公案須從《西遊記》成書史、作品本身、作者所處時代及文學發展史的傳承關係等多角度系統地來進行深層次研究，才能最終破解這一難題。並在諸多史料、考古資料的搜集整理基礎上，認爲學界前輩得出百回本《西遊記》作者——江蘇淮安吳承恩是站得住腳的。

3025　楊俊，丘處機麾下全眞道士不是《西遊記》的最早作者——與胡義成先生商榷，唐山師範學院學報，2005（6）

【解題】針對近年來學術界否定吳承恩力主丘處機麾下全眞道徒爲百回本《西遊記》最早作者的觀點，從道教與《西遊記》、茅山與《西遊記》、虞集序眞僞與《西遊記》等關係正本清源，駁斥胡義成等立論及論據的錯誤，

指出百回本《西遊記》最早作者絕不是丘處機麾下的全眞道徒。

3026 楊俊，也論百回本《西遊記》定稿人與全眞教之關係──兼與胡義成
先生商榷之二，廣西師範學院學報，2006（4）

【解題】針對近年來學界有人否定吳承恩爲百回本《西遊記》作者而認
定全眞教徒是定稿人的觀點，認爲從虞集序眞僞、句容茅山華陽洞天、閭希
言師徒等方面來綜合考察，均難以將全眞教徒與百回本《西遊記》定稿人直
截了當地劃等號。

3027 杜貴晨，《西遊記》與泰山關係考論，山東社會科學，2006（3）

【解題】百回本《西遊記》描寫原型爲泰山獨有的景觀和可推斷爲泰山
景觀，以及可資聯想到《西遊記》故事的景觀約有三十餘處，表明泰山景觀
是《西遊記》地理環境描寫的主要藍本，《西遊記》的神魔環境與「五嶽獨尊」
的泰山景觀，在很大程度上有摹本與原型的對應關係。泰山不僅是孫悟空「故
里」，而且是大半部《西遊記》故事的舞臺背景，其作者必是一位久居泰安、
熟悉泰山的文學家。今按：此論難以成立。

3028 杜貴晨、王豔，四百年《西遊記》作者問題論爭綜述，泰山學院學報，
2006（4）

【解題】關於《西遊記》作者，明清間「邱長春作」說曾流行一時，至
今仍有信從者；近世「吳承恩作」說幾定於一尊，卻因證據薄弱，不斷受到
質疑和否定，不時有新說提出，使這一問題在《西遊記》研究中日益突出。
綜述古今有關《西遊記》作者各種主張與猜測爲十一題十說，認爲諸家根本
分歧只在「出今天潢何侯之國」、「邱長春」、「吳承恩」、「李春芳」、「陳元之」
等五說之間。

3029 胡義成，《西遊記》作者：不是吳承恩是誰？──近年國內關於《西遊
記》定稿者及主旨討論的述評，運城學院學報，2006（4）

【解題】自章培恒受日本學者太田辰夫等啓發在上世紀 80 年代對胡適、
魯迅所倡之《西遊記》作者爲吳承恩的舊說挑戰以來，國內學術界「否吳」
已成大勢。只是對於否吳後的代替者爲誰，書的主旨究竟如何，仍在討論中。
其中，徐朔方、黃永年、沈承慶和張錦池等人對此各持新見；澳籍華裔學者
柳存仁基本鬆動了「吳作」舊見，對《西遊記》與全眞教的不解之緣，曾給

出了多層次論證，在國內外產生了廣泛影響；臺灣全真人士陳敦甫等視《西遊記》爲全真教教義載體，堅持「丘處機爲作者」論，成爲另一極端；大陸李安綱在探尋《西遊記》的結構、故事框架、人名地名、詩詞引文、回目術語等方面的「全真味」中新獲得的一系列重要發現和突破，但其原型分析基本只指找出《西遊記》書的全真教「丹學」典籍「原型」，這是不規範的原型分析，存在缺漏。

3030　郭健，道教內丹學與《西遊記》作者研究，求索，2006（6）

　　【解題】《西遊記》與道教內丹學有著密切的關係，其作者肯定熟悉內丹學；以內丹學爲線索研究《西遊記》，可以肯定其作者不可能是吳承恩、陳元之等人，而李春芳則值得進一步研究。

3031　李良中，《西遊記》的作者是一個群體，宜賓學院學報，2006（11）

　　【解題】《西遊記》的作者應該是由不同時代、不同身份的許多人組成的一個群體，因而不存在某個具體作者的著作權問題，題署爲「無名氏」著同樣沒有走出誤區。

3032　胡義成，《西遊記》的作者肯定不是吳承恩——近年國外關於《西遊記》定稿者討論的述評，唐山師範學院學報，2007（1）

　　【解題】《西遊記》的作者是吳承恩一說已被動搖，現在國內討論的熱點已是「《西遊記》不屬吳家屬誰家？」日本學者太田辰夫、磯部彰和中野美代子等在探求《西遊記》定稿人與全真教教義及其道士的關係方面進行了許多開拓性的研究，雖然他們限於一般道教知識而不太瞭解中國全真教地域性秘史，不太瞭解明代道教內部正一、全真兩派的分歧鬥爭，但他們的開拓畢竟早於中國現當代論界數十年，應予借鑒。此外，美籍華裔學者夏志清也不堅持「吳承恩作」。

3033　杜貴晨，從「鉞」之意象看《西遊記》作者爲泰安或久寓泰安之人，明清小說研究，2007（3）

　　【解題】《西遊記》寫金鐃即鉞的意象與《水滸傳》相通，是魯西南俗諺之一的反映，爲作者前文《〈西遊記〉與泰山關係考論》結論的進一步證明，同時也是有關描寫意義的確解。今按：此說難以成立。

3034　李洪甫，《西遊記》作者公案釋疑，連雲港師範高等專科學校學報，2007

（3）

【解題】在簡要回顧《西遊記》著作權公案的形成和發展之後，從誤解產生的根源上辨疑，如：雲台山中的長春庵和吳庵園林遺跡的檢索；吳承恩、邱處機之間的文脈關聯及其同名著述的根本差異；吳承恩的家世、行跡和雲台山風物存留以及《西遊記》中的相關描述；作者的生活背景、思想胸襟、嚮往好惡等方面，認爲孫猴子的原型裏流淌著唐傳奇中淮河水神無支祁的血液，吳承恩爲自己起的號就是「淮海浪士」、「淮海豎儒」；而《西遊記》中太多的「倒踏門」故事也是吳承恩憤慨和歎惋的演繹。

3035　楊俊，百回本《西遊記》作者新探，學術月刊，2007（7）

【解題】百回本文本的署名「華陽洞天主人校、金陵世德堂梓行」透露了極大的信息：從對金陵世德堂的考證可知，《西遊記》最早刻本是官刻本（區別於家刻本、坊刻本），它提示了《西遊記》作者應是與朱明王朝的藩王府有著很深的關係；從對「華陽洞天主人」的考察則證明，他不僅難能作爲否定吳承恩著作權的證據，卻反證「華陽洞天主人」極有可能是吳承恩與百回本《西遊記》刻者世德堂、序文作者陳沅之爲適應當時形勢，及其追逐讀者市場的一個合謀的產物；對百回本《西遊記》文化背景的整體分析，其條條線索都爲堅持「吳承恩說」的觀點提供新的證據。

3036　杜貴晨，豬八戒三「妻」考議──兼及《西遊記》非吳承恩所作，內
　　　江師範學院學報，2012（1）

【解題】早期西遊文學文本以至百回本《西遊記》中豬八戒之「妻」有三：裴海棠、卵二姐、高翠蘭。這三個形象的設計分別植根於不同的文化淵源，具有各自的文化內涵，體現了不同作者或同一作者不同情況下的藝術匠心；但一貫地都主要服務於豬八戒典型形象的塑造，即作爲豬八戒欲望的對象，以成就豬八戒爲世俗「好丈夫」、「好女婿」形象，尤其是幫助突出了豬八戒「有頑心，色情未泯」之爲「色」所累者的本性──這一本性是八戒修行學佛最大障礙，卻是他作爲文學形象最根本的性格特點；而從《西遊記》兩寫豬八戒「倒踏門」的無所顧忌甚或以爲得意，可作爲《西遊記》作者非吳承恩的一個內證。

3037　李安綱，吳承恩是《西遊記》的作者嗎，國學，2013（12）
3038　曹炳建，《西遊記》作者諸說考辨，淮海工學院學報，2014（3～4）

　　【解題】《西遊記》的作者除了人們所熟知的吳承恩說之外，還有邱處機說、許白雲說、宗泐說、魯府朱觀熾說、周王府朱睦㮮說、樊山王府集體創作說、陳元之說、華陽洞天主人說、李春芳說、史眞人弟子說、尹眞人弟子說、唐新庵說、唐皋說、閻希言師徒說、膠東人藍田說等。該文對這些說法一一考證，證明除吳承恩說之外，其他說法都因爲缺乏有力的證據而難以成立。

3039　李洪武，《西遊記》作者是明代人的新證據，淮海工學院學報，2015（2）

　　【解題】從百回本《西遊記》文本表現出來的大量明代信息（如書中的許多職務名稱、辦事機構、宮殿名和城門名都是明代所始有，還化用了朱元璋的一首詩，並大量引用了《增廣賢文》中的許多名句）來看，《西遊記》作者應該是明代人，吳承恩仍然是最可能的作者。

3040　竺洪波，《西遊記》作者考證的方法論問題，新疆教育學院學報，2017（4）

　　【解題】現階段《西遊記》作者考證有重大進展，提出了一些新人選；同時也存在諸多有違學理的亂象。文章提出若干《西遊記》作者考證的方法論原則，試圖對旣往研究作一定的總結與反思，並著重對「吳著」說進行深入的辨析。

3041　李春光，「諧劇」與《西遊記》作者問題考辨，內江師範學院學報，2017（11）

　　【解題】《西遊記》著作權問題的紛爭由來已久，爭論的一個重要癥結在於能否用傳統的「文如其人」的論斷，將《西遊記》的著作權歸於吳承恩。自《天啓淮安府志》提出吳承恩「復善諧劇」的論斷之後，學者們圍繞著「諧劇」提出了不少觀點，這其中，「諧劇」即是「喜劇」的論斷甚囂塵上。但是，由於明清兩代喜劇理論的相對匱乏，加之近代喜劇理論的駁雜性，把「諧劇」臆測爲「喜劇」的觀點還是值得商榷的。結合相關文獻，將「諧劇」理解爲吳承恩的一種「秉性」，可能更爲妥帖。

3042　竺洪波，《西遊記》作者眞的是吳承恩嗎，文匯報，2017

　　【解題】邱處機是宋元之際人，如果是他創作的，《西遊記》中怎麼會有錦衣衛、司禮監、會同館、東城兵馬司等諸多明代的官制與官職？借用現代刑偵學術語，邱處機「沒有作案時間」。《淮安府志》記錄「吳承恩《西遊

記》」，並沒有注明體裁及卷回篇幅。根據文史傳統，小說未必能夠入方志。

3043 陳大康，《西遊記》非吳承恩作別解，復旦學報，2018（4）

【解題】吳承恩爲追悼父親吳銳而撰寫《先府君墓誌銘》，由此文可發現，父親的招女婿經歷與自己爲庶出是吳承恩無法排遣的隱痛。解析此文並與《西遊記》中有關招女婿等描寫相對照，可幫助判斷《西遊記》並非吳承恩所作。

金瓶梅

3044 徐大風，《金瓶梅》作者是誰，茶話，1946（3）

【解題】《金瓶梅》作者雖不是王世貞，但因爲王的修改，使《金瓶梅》更能擴大地流傳。

3045 張鴻勳，試談《金瓶梅》的作者、時代、取材，蘭州大學學生科學論文集，1957（1）

【解題】《金瓶梅》作者很可能是個中下層知識分子，且是一個很愛好民間文藝的人；其產生年代大約是在明代中葉前後，即嘉慶、萬曆年間。

3046 鄭振鐸，《金瓶梅詞話》的作者及時代的推測，中國文學研究，北京：作家出版社，1957

3047 魏子雲，《金瓶梅》的作者，金瓶梅探原，臺北：巨流圖書公司，1979

【解題】《金瓶梅》的作者應作兩個階段看：第一個階段是袁中郎生前所見的那半部《金瓶梅》，可能是一部有關政治諷喻的小說，因乏實物可徵，無從推論作者是誰；第二個階段是流行於今日的《金瓶梅詞話》，作者應是江南人。

3048 朱星，《金瓶梅》的版本問題，社會科學戰線，1979（2）
3049 朱星，《金瓶梅》的作者究竟是誰，社會科學戰線，1979（3）
3050 朱星，《金瓶梅》被竄僞的經過，社會科學戰線，1979（4）

【解題】以上三文，爲作者《〈金瓶梅〉考證》系列作品，分別對《金瓶梅》的版本、作者、竄僞加以考察，認爲明萬曆庚戌年在吳中的初刻本確無淫穢語，到再刻時改名《金瓶梅詞話》，被無恥書賈大加僞撰，進一步肯定了前人對《金瓶梅》作者是王世貞的猜測。

3051　張遠芬，新發現的《金瓶梅》研究資料初探——兼與朱星先生商榷，
　　　徐州師範學院學報，1980（4）

3052　徐朔方，《金瓶梅》的寫定者是李開先，杭州大學學報，1980（1）
　　　【解題】《金瓶梅》原書就有猥褻描寫，它不是個人創作，而是在民間
藝人中長期流傳之後經作家個人寫定的，寫定者不是王世貞或，而是李開先。

3053　徐朔方，《金瓶梅》成書補證，杭州大學學報，1981（1）
　　　【解題】《金瓶梅》和《水滸》都採用它們未寫定的祖本即話本或詞話
系列的原文，因而產生兩書重迭部分相同的一面；後來發展爲兩部各自獨立
的小說，勢必分道揚鑣，因而產生兩書重迭部分的相異一面。又從《志誠張
主管》與《金瓶梅》的關係來考察，認爲《金瓶梅》不是個人創作，它的故
事幾經流傳、變異，淵源很早。

3054　張遠芬，也談《金瓶梅》作者的籍貫——對戴不凡「金華說」的考辨，
　　　徐州師範學院學報，1981（2）

3055　張遠芬，《金瓶梅》的作者是山東嶧縣人——再與朱星先生商榷，徐州
　　　師範學院學報，1981（4）

3056　張遠芬，《金瓶梅》作者新證，徐州師範學院學報，1982（3）
　　　【解題】從生平經歷、文學修養、世界觀和精神氣質、筆名以及與《金
瓶梅》相照應的各種資料，初步證明了《金瓶梅》的作者是賈三近。

3057　李時人，賈三近作《金瓶梅》說不能成立，徐州師範學院學報，1983
　　　（4）

3058　李錦山，賈三近不是《金瓶梅》作者，文匯報，1983，5，30

3059　黃霖，《金瓶梅》作者屠隆考，復旦學報，1983（3）
　　　【解題】《金瓶梅》應爲屠隆所作，寫作時間在萬曆二十年（1592）前
後。小說第五十六回《應伯爵薦舉水秀才》中的《哀頭巾詩》、《祭頭巾文》
和明末《開卷一笑》（後名《山中一夕話》）卷五所載署名一衲道人的《別頭
巾文》相同，只有個別文字差異，而一衲道人是屠隆的別號；而此書的參訂
校閱者，一會兒題笑笑先生、哈哈道士，一會兒又題一衲道人屠隆，可知笑
笑先生、哈哈道士、一衲道人、屠隆都是同一人。又據屠隆《由拳集・少司
馬屠公傳》「避金難，始南遷句吳」，及其《鴻苞・輿圖要略》「常州府，又名
句吳」，「武進縣，梁爲蘭陵」，《金瓶梅》署名蘭陵笑笑生的「蘭陵」二字可

以由此得到解釋。從屠隆的籍貫和習尚、萬曆二年前後的處境和心情、情慾觀、創作《金瓶梅》的其他生活基礎、文學素養和《金瓶梅》最初的流傳情況等六個方面來看，沒有誰比屠隆更像《金瓶梅》作者。

3060　魏子雲，《金瓶梅》作者是屠隆說，中外文學，1983（4）

【解題】大體贊同黃霖《〈金瓶梅〉作者屠隆考》的觀點，但認爲屠隆應是《金瓶梅》的作者，不能概括到《金瓶梅詞話》，並舉十證加以論證。

3061　魏子雲，「《金瓶梅》作者是屠隆考」補說，古典文學（第五集），臺北：學生書局，1983

3062　黃霖，《金瓶梅》作者是屠隆，煙台師院學報，1984（1）

【解題】該文是作者前文《〈金瓶梅〉作者屠隆考》主要觀點的概括。

3063　黃霖，《金瓶梅》作者屠隆考續，復旦學報，1984（4）

【解題】關於《金瓶梅》的作者問題，必須從「山東人」的框框中跳出來，把目光重新投向浙江；「笑笑先生」爲明人，還可於《遍地金》中得到驗證；沈德符所說的「大名士」，袁小修所說的「紹興老儒」，謝肇淛所說的「金吾戚里」其門客，都可以在屠隆身上找到影子。

3064　徐朔方，《金瓶梅作者屠隆考》質疑，杭州大學學報，1984（3）

【解題】黃文的主要資料來自《開卷一笑》，此書很難作爲一可信的史料看待，其出版年代究竟在明末，還是清初，也值得研究；屠隆曾以一衲道人爲號，但以一衲道人爲號的並不一定只有他；土鱉蟲一名蝦蟞蟲，蘇北宿遷、淮安、睢寧一帶有此叫法，可見《秋蟬吟》不是屠隆作品，其他三篇，包括《別頭巾文》在內，是否其作品也是有疑問的；三台山人才是《開卷一笑》的編者，國內以三臺爲名的山不下十來處，應以蘇北宿遷和它的近鄰蕭縣的三台山比較適合，這一帶的方言恰恰稱土鱉蟲爲蝦蟞蟲，三台山人比寧波的屠隆有更大的可能是這篇《秋蟬吟》的作者；屠隆別署娑羅館，是因他從佛寺中移得娑羅樹而得名，與「武進古有娑羅巷」無關；《金瓶梅》中找不出屠隆家鄉所獨有的任何方言詞彙；屠隆迷信道佛，這與《金瓶梅》對待宗教的態度存在著分歧，也足以證明兩者之間不會是作者和作品的關係。

3065　朱沐，關於《金瓶梅》的作者問題，語文導報，1985（1）

3066　黃霖，《金瓶梅作者屠隆考》答疑，杭州大學學報，1985（2）

【解題】盛鑪斷言瞿杲爲「康熙時人」不可信；歷史上號一衲道人的未必就是屠隆，但是，中山大學藏本扉頁刻著「屠亦水先生參閱」，中山大學、北京大學、臺灣大學三本第三卷都刻著「一衲道人屠隆參閱」，這個一衲道人當是屠隆無疑；屠隆所說的「蝦蟞蟲」，或許是指水蕫，越人也稱水蟞蟲，這類小蟲的土名本就複雜，屠隆又有廣泛的遊歷，僅以一個名目來斷定《秋蟬吟》的作者不是鄞縣人而是蘇北人不妥；《金瓶梅詞話》的作者是屠隆，一個重要的理由就是在這部描寫山東故事的小說中出現了不少江浙方言；屠隆在《金瓶梅詞話》中對釋道中的敗類醜行進行了辛辣的嘲笑和尖銳的批判，和《曇花記》、《修文記》之類作品側重在用比較嚴肅的態度正面頌揚佛道，其精神是相通的；明傳奇《睟盤記》中的「万俟傳祭頭巾」一節與《金瓶梅詞話》及《開卷一笑》中的「祭頭巾文」風馬牛不相及。

3067　海雁，《金瓶梅》作者爲浙江鄞縣人屠隆，浙江學刊，1985（3）

3068　孫遜，陳詔，《金瓶梅》作者非「大名士」說——從幾個方面「內證」看《金瓶梅》作者，上海師範大學學報，1985（3）

【解題】《金瓶梅》作者更像是中下層文人，特別是書會才人所寫，而決非上層「大名士」手筆。

3069　徐朔方，《金瓶梅作者屠隆考》質疑之二，杭州大學學報，1985（2）

【解題】該文是對黃霖《〈金瓶梅作者屠隆考〉答疑》一文的回應。

3070　黃霖，《金瓶梅》成書問題三考，復旦學報，1985（4）

【解題】《金瓶梅詞話》當成書於萬曆年間；《金瓶梅詞話》當一次成於一人之手，詞話本就是《金瓶梅》的原本；屠隆在塑造西門慶形象時，與劉承禧這位「金吾戚里」有關。

3071　張遠芬，笑笑先生何許人也？——論屠隆不是《金瓶梅》的作者，文史論壇，1986（6）

3072　馬森，《金瓶梅》的作者呼之欲出，文學報，1985，7，25

【解題】張遠芬《金瓶梅新證》的「考證說服力很強，雖尚不能說是定論，但已使《金瓶梅》的作者呼之欲出矣」、「所考證的賈三近的生平事蹟，以及宦遊處所、人生經歷、習脾嗜好、著作目錄等，使人覺得蘭陵的賈三近實在是最接近蘭陵的笑笑生的一個人物。」但亦提出不少商榷意見。

3073　徐朔方，再論《水滸》和《金瓶梅》不是個人創作——兼及《平妖傳》
　　　《西遊記》《封神演義》成書的一個側面，徐州師範學院學報，1986（1）
　　　【解題】主要論證《金瓶梅》不是個人創作，既以它和《水滸》作爲對
照，又考察了《平妖傳》和《水滸》、《西遊記》和《封神演義》之間的對照，
眾多的例證揭示了它們兩兩之間由彼及此，由此及彼的雙向因襲關係，它們
具休生動地構成了世代累積型集體創作的中國古代長篇小説的創作背景。《金
瓶梅》和《水滸》一樣，都是民間説話藝人在世代流傳過程中形成的累積型
的集體創作，二者同出一系列《水滸》故事的集群，包括西門慶、潘金蓮故
事在内，並舉十二例以證之。

3074　蔣星煜，《西廂記》對《金瓶梅》的影響——兼談《金瓶梅》的作者問
　　　題，華東師範大學學報，1986（1）
　　　【解題】《金瓶梅》作者對《西廂記》非常熟悉，在創作過程中不知不
覺使用了其中的語彙，甚至在細節描寫上也有參照之處；李開先、屠隆都精
通《西廂》（李作有院本《園林午夢》，鶯鶯、紅娘均爲劇中人，龍洞山農本
《西廂記》亦疑其託名龍洞山農所刻；屠有《王實甫合併西廂記》之刻，對
《董解元西廂記諸宮調》、李日華《南西廂》，都曾校訂研究），其中一人可能
是《金瓶梅》作者。

3075　王強，小議《金瓶梅》的作者是河北籍人，復旦學報，1986（1）

3076　周鈞韜，關於《金瓶梅》作者的二十三説，江漢論壇，1986（12）
　　　【解題】將古人與今人的《金瓶梅》作者之説一一拈出，計得二十三種。

3077　陳遼，《金瓶梅》原是評話説——兼談《金瓶梅》的作者問題，社會科
　　　學研究，1986（5）
　　　【解題】《金瓶梅》原來是評話，笑笑生是一位有相當文化水平但文化
教養並不高的評話愛好人，他是《金瓶梅》評話的加工、改寫和定稿者。

3078　卜鍵，李開先與《金瓶梅》中有關《西廂記》之描寫——《金瓶梅》
　　　作者考的一項重要參證，戲劇，1986（4）

3079　朱建明，也談《金瓶梅詞話》的作者，復旦學報，1986（1）
　　　【解題】《金瓶梅》是萬曆年間的作品，它的撰作者不可能是屠隆。

3080　陳毓黑，《金瓶梅》抄本的流傳、付刻與作者問題新探，河北師院學報，

1986（3）

3081　徐朔方，答臺灣魏子雲先生——兼評他的《金瓶梅》作者屠隆說，吉林大學學報，1987（1）

3082　徐朔方，《別頭巾文》不能證明《金瓶梅》作者是屠隆，社會科學戰線，1987（1）

【解題】臺灣廣文書局影印的《山中一夕話》，所選篇目和大連圖書館藏本不同，其中不收《別頭巾文》；臺北天一出版社影印《明清善本小說叢刊》第六輯《皆謔篇》輯有《開卷一笑》及《山中一夕話》各一種，《開卷一笑》有具名一衲道人，後有「屠隆」印章的《一笑引》；這樣一本趣味性的流行讀物，內容每次印行都有改動，時代很難確切考定，用它當作考證材料，無異刻舟求劍；南《西廂》有陸采改本，自序說他是不滿李日華改本「生吞活剝」才重新改作的，陸采卒於嘉靖十六年（1537），李日華至少不會比他更遲，《金瓶梅》引用他的曲子，怎能證明《金瓶梅》作於萬曆時期呢？

3083　陳詔，《金瓶梅》人物考——兼談作者之謎，學術月刊，1987（3）

3084　張慶善，「蘭陵笑笑生」與「笑笑先生」——《金瓶梅作者屠隆考》存疑，大慶師專學報，1987（2）

【解題】「蘭陵笑笑生」與「笑笑先生」不是一人，《金瓶梅》作者更可能是下層文人。

3085　黃霖，《開卷一笑》與《金瓶梅》作者問題——從答《笑笑先生何許人也》說起，復旦學報，1987（4）

【解題】該文是對張遠芬《笑笑先生何許人也？——論屠隆不是〈金瓶梅〉的作者》一文的回應，認為笑笑先生是屠隆，是《金瓶梅詞話》的作者笑笑生。

3086　周鈞韜，《金瓶梅》是王世貞及其門人的聯合創作，明清小說研究，1988（1）

【解題】《金瓶梅》是以王世貞的思想為指導思想，由王世貞及其門人聯合創作的產物。

3087　魯歌，《金瓶梅》作者問題漫議，西北大學學報，1988（1）

【解題】《金瓶梅》的作者不是南方人，不是「蘭陵笑笑生」，不是山東

嶧縣人賈三近。

3088　魯歌，《金瓶梅》作者王穉登考，社會科學研究，1988（4）

【解題】《金瓶梅》的作者是嘉靖間大名士、蘭陵人王穉登（1535～1614）。

3089　陳昌恒，《金瓶梅》作者馮夢龍考述，華中師範大學學報，1988（3）

【解題】馮夢龍化名蘭陵笑笑生創作了《金瓶梅》，又化名欣欣子、東吳弄珠客、廿公來爲《金瓶梅》寫序跋。馮夢龍創作《金瓶梅》的第一階段，時間約在 1596 年（萬曆二十四年丙申）或前一兩年，此時的《金瓶梅》只有三十回；第二階段，時間約爲 1596 年至 1614 年之間，此時的《金瓶梅》已有八十回；第三階段，始於 1613 年，止於 1617 年，將八十回的《金瓶梅》擴充爲百回詞話本。

3090　陳昌恒，《金瓶梅》作者馮夢龍續考，湖北大學學報，1988（6）

【解題】從馮夢龍的生活經歷、思想意識及其著述與《金瓶梅》的内在聯繫來證明《金瓶梅》爲馮夢龍所作。

3091　馮其庸，也談《金瓶梅》作者之「謎」，文藝報，1988，6，25

3092　王螢、王連洲，《金瓶梅》作者之謎，《〈金瓶梅〉考論》（第一輯），銀川：寧夏人民出版社，1988

【解題】《金瓶梅》是二人以上合作的書，它的主筆作家謝榛就是蘭陵笑笑生，輔助作者是崑山鄭若庸，寫書的發起人與組織者是趙康王朱厚煜。

3093　卜鍵，《金瓶梅》作者李開先考，蘭州：甘肅人民出版社，1988

【解題】學術界最早提出李開先爲《金瓶梅》作者的是吳曉鈴，但他那時只不過是在《中國文學史》初版（1962 年）上略提而已（再版時刪去），其後徐朔方、趙景深、杜維沫、卜鍵等亦先後撰文主李開先說，由是引起了海内外學術界的注目。該書是一本較爲詳盡探考李開先生平的專著。

3094　葉桂桐，從《續金瓶梅》看《金瓶梅》的版本及作者，吉林大學學報，1989（2）

3095　陳遼，《金瓶梅》成書三階段說——兼談《金瓶梅》的作者問題，東嶽論叢，1989（4）

【解題】《金瓶梅》原是評話，創作者是評書藝人；《金瓶梅詞話》是《金瓶梅》成書的第二階段，作者是「蘭陵笑笑生」；《新刻繡像批評金瓶梅》是《金瓶梅》成書的第三階段，作者是有很高文學修養的作家。

3096　靳青萬，《金瓶梅》作者新探，許昌師專學報，1990（1）

【解題】《金瓶梅》故事的素材、原型多取材於淮間而很少取材於山東，很可能是借《水滸傳》中的北清河之西門慶、潘金蓮故事來寫南清河之事；《金瓶梅詞話》原作者非山東人而爲淮間人，至少是在淮間生活過相當長時間的人。

3097　王連洲，《金瓶梅詞話》作者蘭陵笑笑生即謝榛考辨，東嶽論叢，1990（3）

【解題】在作者前文《〈金瓶梅〉作者之謎》基礎上，僅就「謝榛即是《金瓶梅詞話》作者」加以考論：謝榛原籍屬於古蘭陵，隨署「蘭陵」以寄託他的鄉思，不過這個「蘭陵」既非嶧縣，亦非武進，而是泛指古代的蘭陵郡；「笑笑生」當寓作者嘲諷時事之意；謝肇淛說的「金吾戚里」，可能就是彰德府（今安陽北）的戚里，即欣欣子作序的明賢里，即謝榛所依附的趙康王府邸所在。

3098　李慶立，「謝榛就是『蘭陵笑笑生』」說糾謬，聊城師範學院學報，1990（3）

3099　洪城，《金瓶梅》作者特徵與王寀，文教資料，1991（1）

3100　魯歌，《金瓶梅》作者不是馮夢龍，西北大學學報，1990（1）

【解題】（1）《金瓶梅》動筆創作的時間約爲 1591 年，馮夢龍時年十七，不可能是作者。（2）1592 年屠本畯先後在王宇泰、王稚登家裏讀過《金瓶梅》抄本一、二與三、四帙，馮夢龍時年十八，這四帙不可能是他所寫。（3）《金瓶梅》第四十七八回當寫於 1594 年以後，可能是 1595 至 1596 年的事。（4）1595 至 1596 年，董其昌、袁中郎已有《金瓶梅》抄本五卷餘，共十帙五十二回；（5）至遲在 1605 到 1606 年間，徐階家和劉承禧已先後有了《金瓶梅》抄本共九十五回；其他五回也早已寫出，只因這五回一帙中有嘲諷屠隆的内容而不便流傳出來；全書凡一百回是蘭陵笑笑生一人所著，約完成於 1597 年。（6）1609 年袁小修到京時已攜有《金瓶梅》抄本共九十五回，沈德符從小修處借抄挈歸吳中，時間是 1609 至 1614 年；馮夢龍於 1613 至 1614 年「見之

驚喜，慫恿書坊以重價購刻」，遭沈拒絕；因而馮夢龍決非《金瓶梅》作者。
（7）1617年冬或稍後，初刻本《金瓶梅》在吳門問世，這可能是馮夢龍由劉承禧處得到九十五回，自己補寫了五回而付刻的，作序人「東吳弄珠客」應是馮夢龍，惜初刻本已失傳。（8）1619到1621年，《新刻金瓶梅詞話》從付刻到問世，首次公佈了欣欣子序與廿公跋，全書一百回是按作者笑笑生的原稿付刻的，付刻人文化程度不高，以致有成千上萬處的圈點之誤，對原稿殘缺部分的補綴亦頗拙劣，致使破綻百出，刻誤亦不少。（9）《金瓶梅》作者「蘭陵笑笑生」應是有《金瓶梅》抄本的「蘭陵」人、「世廟時一巨公」、「嘉靖間大名士」、「王世貞門客」王稚登；他的好友乃王世貞之甥曹子念，當是爲《金瓶梅詞話》寫序、跋的「欣欣子」、「廿公」，因而世傳王世貞家藏有全書。（10）馮夢龍非「蘭陵」人，亦非「世廟時一巨公」、「嘉靖間大名士」與「王世貞門客」，故「蘭陵笑笑生」決不是他。

3101 魯歌，《金瓶梅》作者不是謝榛——與王連洲先生商榷，東嶽論叢，1991
（1）

【解題】《金瓶梅》作者蘭陵笑笑生應是蘭陵人、嘉靖間大名士王稚登；《金瓶梅》當開始創作於萬曆十九年至二十年，至萬曆二十五年完成；死於萬曆三年的非蘭陵人謝榛不可能是其作者。

3102 周鈞韜，吳晗對《金瓶梅》作者「王世貞說」的否定不能成立，江蘇社會科學，1991（1）

3103 王輝斌，《金瓶梅作者爲李開先考》質疑，荊門大學學報，1991（1）

3104 種衍璋，蘭陵笑笑生・李開先和《金瓶梅》，內蒙古電大學刊，1991（1）

3105 李慶立，關於《〈金瓶梅〉作者補證》的馬後炮，聊城師範學院學報，1991（2）

3106 李燃青，鄭閏，《金瓶梅》作者「屠隆」說考釋，寧波師院學報，1991（3）

【解題】通過考察《甬上屠氏宗譜》二種、《甬上屠氏家集》和《屠氏先世見聞錄》等地方文獻資料，認爲笑笑先生與一衲道人之間的內在聯繫尚需進一步考證，但一衲道人屠隆即是笑笑先生，亦即是《金瓶梅》作者「蘭陵笑笑生」之說決不是無稽之談。「蘭陵」可讓人聯想到荀子，有鄙視名利之意；聯想到李白的「蘭陵美酒鬱金香」，有以酒爲樂意；聯想到蘭陵王常戴假

面以對敵，則「蘭陵笑笑生」即是戴面具、藏眞容的懲淫破色的勇士。屠隆
有感於青浦縣任上多次審理鄉里豪富，憑怙奢汰，淫縱無度諸案件，而萌生
以小説來懲戒世人，於是將流傳於松江一帶的小説、瞽詞、曲藝彙集整理，
融鑄而成《金瓶梅詞話》，他是傳抄、改刪、補寫《金瓶梅詞話》功臣中的首
要一員。

3107　朱恒夫，《金瓶梅》作者唐寅初考，江蘇教育學院學報，1991（3）

3108　白水，從動詞後綴「子」的運用推測《金瓶梅》的作者，古籍整理研
　　　　究學刊，1991（3）

3109　張家英，由《金瓶梅》回前詩詞看其作者，學習與探索，1991（3）

3110　魏子雲，《金瓶梅》作者屠隆考補證，吉林大學社會科學學報，1991（6）
　　　　【解題】《玉環記》作者楊柔勝，應是屠隆的夫人「楊枝，字柔卿」其
人，《金瓶梅詞話》第 63 回中演唱的《玉環記》曲詞，實出其手筆；屠隆的
《彩毫記》中的相關曲詞透露出他是參訂《花營錦陣》《楊家府忠勇演義》等
書的「煙波釣叟」，可證舒筆流泉於淫詞穢語是其長才；蔣星煜《〈西廂記〉
對〈金瓶梅〉的影響》認爲「李開先、屠隆都精通《西廂》，其中一人可能是
《金瓶梅》作者」，作者則根據《金瓶梅》最早出現於萬曆二十四年，認定屠
隆是一位最有條件寫作《金瓶梅》的人士。

3111　鄭閏，欣欣子屠本畯考釋，社會科學戰線，1992（1）

3112　鄭閏，屠隆・劉金吾・金瓶梅，明清小說研究，1992（1）

3113　鄭閏，蘭陵笑笑生屠隆考論，復旦學報，1992（2）
　　　　【解題】從四個方面論證笑笑生即是屠隆：一、《開卷一笑》（《山中一
話夕》）署「笑笑先生」及《金瓶梅詞話序》於「笑笑生」前冠以「蘭陵」，
均符合屠隆情況；二、屠隆宣淫和破淫的矛盾心態及其特殊情慾觀與《金瓶
梅》的創作相榫合；三、《金瓶梅》常以夫子自道的形式表現了屠隆的身世經
歷和思想感情；四、據屠隆《答鄒孚如》所言，曾著有二十卷本秘書一部，
此書當爲《金瓶梅》。

3114　魏子雲，屠本畯《觴政》跋的史實啓示，復旦學報，1992（2）
　　　　【解題】屠本畯《山林經濟籍》中關於《觴政》的跋語，是《金瓶梅》
研究中的一條重要材料。屠本畯是一位最瞭解《金瓶梅》底細的人，而萬曆
三十六年前後的《金瓶梅》不是一部普通的小説，海內流傳甚少；「相傳陸都

督炳誣奏，朝廷籍其家」等語與屠大年著「奇書」無關；屠本畯即是欣欣子；今之《金瓶梅》乃是改寫本；蘭陵笑笑生即是屠隆。

3115　魏子雲，爲《金瓶梅》作者畫句點，寧波師院學報，1992（2）

【解題】詳盡考證了屠隆生平、罷官原因，並根據屠氏宗譜以及屠隆著作資料，分析論證了《金瓶梅》前期抄本原稿確係屠隆所作，屠本畯應是《金瓶梅》改寫本的參與者。

3116　陳大康，論《金瓶梅》作者考證熱，華東師範大學學報，1992（3）

3117　張家英，從《金瓶梅詞話》所寫官場生活看其作者，綏化師專學報，1992（4）

3118　黃霖，再論笑笑生是屠隆，復旦學報，1992（2）

【解題】從《金瓶梅詞話》與《花營錦陣》、《繡榻野史》之間的關係入手，進一步論證笑笑生就是屠隆。文章首先指出現存晚明署名「笑笑生」的兩部書《金瓶梅詞話》與《花營錦陣》多有相似之處；繼而論證《繡榻野史》同時受到這兩書的極大影響，而呂天成創作《繡榻野史》時，《金瓶梅》尚未公開刊行；接著就以呂胤昌、呂天成父子與屠隆之間非同一般的關係，且有呂氏曾以重資向屠隆索取一部奇書的記載，證明屠隆創作的奇書當爲《金瓶梅》；再從屠隆的第一知情人屠本畯爲《繡榻野史》「校閱」來看，也可反證《金瓶梅》、《花營錦陣》的作者「笑笑生」即爲屠隆。

3119　魯歌，欣欣子不是屠本畯，笑笑生不是屠隆、屠大年，西北大學學報，1992（4）

【解題】該文不同意爲《金瓶梅》作序的欣欣子是屠本畯，《金瓶梅》作者是屠隆、屠大年之說，因爲：欣欣子讀過《金瓶梅》全書「凡一百回」，而屠本畯「恨不得睹其全」；屠本畯未從屠隆、屠大年處讀過《金瓶梅》，而在王宇泰、王穉登處讀過抄本各二帙；欣欣子、廿公、袁中郎說《金瓶梅》作者是蘭陵笑笑生、世廟時一巨公、嘉靖間大名士，而屠隆、屠大年是大梁、無錫、鄞縣人，非蘭陵（武進）人，亦非世廟時一巨公、嘉靖間大名士。

3120　魯歌，關於《金瓶梅》作者的十種說法，貴州師範大學學報，1993（2）

3121　魯歌，《金瓶梅》與山西及作者之謎，山西大學學報，1993（1）

【解題】《金瓶梅》的有關文物、作品語言、人物形象、故事情節、詞

曲等方面與山西有著密切的關係；其作者化名爲笑笑生，祖籍在山西太原，
客籍在江蘇「蘭陵」，是嘉靖間大名士王稺登。

3122　丁朗，《金瓶梅》作者在北京考，明清小說研究，1994（2）
　　　【解題】《金瓶梅》的作者的生活基礎在北京而不在山東，或主要不在
山東；不論他祖籍與出生地在哪，當他在創作這部長篇時（不包括第 53～57
回），他的視點與視角卻基本上沒有離開北京。

3123　邵炘，從《金瓶梅》「借用」中的新發現論其作者及成書方式，明清小
　　　說研究，1994（3）
　　　【解題】《金瓶悔》屢見抄引借用他人作品的現象，不是民間傳說有分
有合、交流滲透的結果，更不是什麼「世代累積型」集體創作的共有現象；
恰恰相反，在對這些抄引借用的新探索、新發現中，更確切有力地證明了這
部小說是個人有爲之傑作。

3124　彭見明，《金瓶梅》作者新考，湖南師範大學社會科學學報，1994（3）
3125　姬乃軍，關於《金瓶梅》作者問題的重新思考，延安大學學報，1995
　　　（2）
3126　陳鴻祥，《金瓶梅》之背景及其作者考辨，學術論叢，1995（4）
3127　王輝斌，馮夢龍非《金瓶梅》作者辨說，荊門職業技術學院學報，1995
　　　（4）
3128　張炳森，蘭陵笑笑生解，河北師範大學學報，1996（4）
　　　【解題】「蘭陵」者，非爲地名，亦非酒名，而爲教坊職業的代稱；「笑
笑生」者，人笑笑人之義，亦爲說唱職業的概括。作者非爲文人，而爲教坊
說唱藝人。書中有其身影，即爲李銘。李銘作是書，是爲報復、洗白潘金蓮
主僕等人無端加於自己頭上的冤誣。今按：此說難以成立。

3129　王汝濤，把《金瓶梅》的作者還給蒼山蘭陵，臨沂師專學報，1996（4
　　　～5），1997（1）
3130　戴博元，瑣談《金瓶梅》作者——兼及唐荊川、王稚登，龍城春秋，
　　　1996（1）
3131　徐朔方，《金瓶梅》成書新探，小說考信編，上海：上海古籍出版社，
　　　1997

3132　徐朔方，再論《水滸傳》和《金瓶梅》不是個人創作，小說考信編，
　　　上海：上海古籍出版社，1997

3133　徐朔方，笑笑先生非蘭陵笑笑先生補證，小說考信編，上海：上海古
　　　籍出版社，1997

3134　徐朔方，《金瓶梅》考證要實事求是，小說考信編，上海：上海古籍出
　　　版社，1997

3135　徐朔方，中國古代早期長篇小說的綜合考察，小說考信編，上海：上
　　　海古籍出版社，1997

3136　張玉萍，《金瓶梅》作者新說述略，洛陽師專學報，1997（1）

3137　毛德彪，《金瓶梅》作者應是胡忠，臨沂師專學報，1997（4）

　　　【解題】將王世貞家的門人胡忠定爲《金瓶梅》的作者，可解開圍繞《金
瓶梅》作者爭論中的眾多癥結。胡忠善說評話，具有創作《金瓶梅》的能力、
精力和各種有利條件，更主要的是胡忠可以解開長期困擾人們的《金瓶梅》
與王世貞關係之謎；《花當閣叢談》記載的胡忠，善「解客頤」，常能引起「座
客皆大笑」，就是一個活脫脫的「笑笑生」；《胡氏家譜》中的胡忠，與王世貞
家的胡忠若爲一人，笑笑生冠以「蘭陵」亦迎刃而解。今按：此說似難成立。

3138　趙炯，從古鎮蘭陵文化多元化看《金瓶梅》作者的籍貫，泰安師專學
　　　報，1997（4）

3139　史鐵良，20 世紀《金瓶梅》作者研究概述，株洲教育學院學報，1998
　　　（3～4）

3140　張清吉，《金瓶梅》作者丁惟寧考，東嶽論叢，1998（6）

　　　【解題】諸城是《金瓶梅》的發源地（《金瓶梅》抄本的發源地是山東
諸城，最初擁有《金瓶梅》抄本的十二人中，眞正擁有《金瓶梅》初期抄本
的，只有董其昌、王世貞、王稚登和邱志充四人，而邱志充本爲諸誠人，董
其昌、王世貞、王稚登皆與諸誠有著密切的聯繫），小說作者筆下又透露出「清
河」實即諸城，因此《金瓶梅》作者是諸城人無可置疑。進而推測《金瓶梅》
作者應是明嘉靖乙丑進士、山東諸誠人丁惟寧；書中的清官曾孝序即爲丁惟
寧化身；丁惟寧生肖屬虎，與《金瓶梅》中的主要人物西門慶同庚；邱志充
的兒媳婦即是丁惟寧的孫女，故其家藏有《金瓶梅》初期抄本；「蘭陵笑笑生」
乃丁惟寧的化名，其「蘭陵」乃諸城九仙山的擬化，其「笑笑」乃是從《山
中即事》詩中的「嘲」、「笑」二字化出；《金瓶梅》成書於萬曆二十年（1592）

左右。今按：此說難以成立。

3141　潘慎、崔小春，再談《金瓶梅》的作者問題，太原師專學報，1998（1）

3142　潘承玉，《金瓶梅》抄本考源——《金瓶梅》作者「徐渭說」新證之一，
中國文學研究，1998（4）

　　【解題】現知《金瓶梅》抄本流佈人間的最早消息，來自萬曆二十四年
袁宏道的一封信，由此信上溯下梳，幾乎所有明代《金瓶梅》抄本，均可最
終歸源於萬曆二十至三十年的北京翰林院；蘇州、湖北僅爲以此爲起點的抄
本傳播「驛道」上的兩個「二級站」。考察此際翰林文人圈，唯有紹興陶望齡
最有可能是原初抄本或竟是原稿本的擁有者；陶氏年輩略低於同郡徐渭，諸
家譜資料顯示二人有鮮爲人知的密切關係，陶本應係萬曆二十一年左右從徐
渭而得；袁中道《金瓶梅》乃「紹興老儒」之作，語發於萬曆二十五年其兄
遊越之後，貌似不經，實非率爾。今按：此說難以成立。

3143　潘承玉，小說家之外：《金瓶梅》作者的三重特殊角色，東嶽論叢，1998
（6）

3144　程極平，也談《金瓶梅詞話》的作者問題，徽州師專學報，1998（1）

3145　高念卿，賈三近是《金瓶梅》的作者，徐州師範學院學報，1998（1）

　　【解題】《金瓶梅》之《序》、《跋》爲考證作者之「信史」，《序》言其
籍貫，《跋》射其姓名，相輔相成；其餘諸說（如「屠隆」說），執其一端，
生發於「蘭陵笑笑生」之語，對《跋》「《金瓶梅傳》，爲世廟時一鉅公寓言」
之記載，竟視而不見。賈三近「淹貫群籍，博綜眾藝」，其名「三近」、字「德
修」、號「石葵」，無不隱含一個「剛」字，與「鉅公」（鉅，大剛也）比附不
悖；他曾使用過「大史氏」、「外史氏」、「野史氏」諸筆名，晚年取號「石屋
主人」，追慕司馬遷心志昭昭；《金瓶梅》「克隆」《史記》，明末清初評點者早
已點破，所謂「純是一部史公文字」。因寫的是禁書，有生之年不能公之於世，
不甘心永遠湮沒不彰或被人頂替，他用「蘭陵笑笑生」公佈了自己的籍貫，
欣欣子把它記入了序中；用「鉅公」暗示了自己的姓名，廿公把它記入了跋
中。今按：此說難以成立。

3146　高念卿，「賈三近說」新證：兼評《金瓶梅》作者研究，徐州師範學院
學報，1999（1）

　　【解題】影印本《新刻〈金瓶梅詞語〉》序跋之後，《四貪詞》前，刻辭

四首，爲「賈三近説」提供了鐵證；考察其餘諸説，皆不能成立。

3147 葉桂桐，論《金瓶梅》「廿公跋」的作者當爲魯重民或共友人，煙台師範學院學報，1999（4）

【解題】《金瓶梅》「廿公跋」，無論對於理解「崇禎本」系統《金瓶梅》各版本之間的關係，「崇禎本」與「詞話本」之間的關係，還是對於《金瓶梅》作者研究等重大問題都是關鍵之一。該文認爲：「廿公跋」的矛頭是指向「弄珠客」序的，最早見於內閣文庫本《新刻繡像批評金瓶梅》；「廿公跋」寫於崇禎末年，作者當爲魯重民或其友人。

3148 王汝濤、劉家驥，《金瓶梅》作者考，春秋，1999（6）

3149 李洪政，《金瓶梅》書中有作者署名，徐州師範大學學報，2000（1）

【解題】《愛月美人圖》即《金瓶梅》別名，77回的《愛月美人圖》題詩即《金瓶梅》代序言，《愛月美人圖》題詩後的作者署名「三泉主人」（王采）即《金瓶梅》作者署名；「三泉主人醉筆」的署名、王招宣府的故事情節和77回的回前詩表達了作者王采寫作《金瓶梅》的動機；在《金瓶梅》所暗示的時間、地點找到了王采的歷史資料，他是萬曆初年的徐州判官，判官的兩個官廳所在地「新河口」和「河下」都被寫入《金瓶梅》。

3150 潘承玉，近年《金瓶梅》作者研究新説四種檢討，北京師範大學學報，2000（5）

【解題】在《金瓶梅》作者研究領域，1995年以來出現了四種有代表性的新説，其中「蕭鳴鳳」説與「李攀龍」説各有五大疑點，所提根據大多出於主觀想像，難經推敲；「胡忠」説與「丁惟寧」説在關鍵史料的識讀上，亦難信從；從主張個人獨立創作説這個角度去看，整個90年代的《金瓶梅》作者研究，較之80年代基本沒有什麼實質性的進展。

3151 王汝濤、劉家驥，《金瓶梅》作者考，春秋，2000（2～4）

【解題】吳晗的研究成果無人能真正駁倒，因此《金瓶梅》的成書時間在明隆慶二年至萬曆三十四年之間；嘉靖大名士所作之説，已被大量證據所推翻，應把《金瓶梅》的作者還給山東蒼山蘭陵。

3152 趙國棟，《金瓶梅》作者新議，開封教育學院學報，2000（4）

【解題】董其昌之所以署「蘭陵笑笑生」之名，完全是爲了不讓世人知

曉此一「淫書」出自他的手筆；「蘭陵」並非是地名，而是用了北齊蘭陵王的
一個典故，表明作者隱去了他的真面目，真實姓名；「笑笑生」其實是一種暗
示手法，宋代的文同就自號「笑笑先生」，而文同正是一位工於書畫者，董其
昌用「笑笑生」三字，暗示《金瓶梅》的作者是一位工於書畫者。

3153　葉桂桐，《金瓶梅》作者考證的重要線索與途徑——二十年來《金瓶梅》
　　　作者考證之檢討，聊城師範學院學報，2001（1）
　　　【解題】二十年來的《金瓶梅》作者考證的最大經驗教訓，不在於沒有
考證出《金瓶梅》的真正作者，而在於這一過程檢閱出了我們的「漢學」的
根柢的薄弱。

3154　葉桂桐，中國文學史上的大騙局、大鬧劇、大悲劇——《金瓶梅》版
　　　本作者研究質疑，煙台師範學院學報，2002（1）
　　　【解題】所謂「萬曆本」《新刻金瓶梅詞話》實刻於清初，蘭陵笑笑生
不是《金瓶梅》的作者；將《金瓶梅》的作者說成蘭陵笑笑生，這不過是三
百年前的書商作偽，二十世紀後二十年的蘭陵笑笑生考證不過是一場大鬧
劇，這場大鬧劇的演出是中國學術史上的大悲劇。

3155　許建平，《金瓶梅詞話》「這五回」情節與作者探原，河北師範大學學
　　　報，2002（2）
　　　【解題】《金瓶梅詞話》第53～57回中，除第54回後半回外，其餘四
回半確為江浙一帶讀書人補入；第54回「應伯爵郊園會諸友」為一人所寫，
第53、55、56、57回為另一人所補，補入者的敘事能力遠不及原作者那樣細
膩老辣，且補寫較為匆忙，補入的章回中至少有三大情節與原書不合。

3156　張永剛，《金瓶梅》作者新論——兼與張遠芬、許志強二先生商榷，徐
　　　州師範大學學報，2002（1）
　　　【解題】就《金瓶梅》的作者問題，兼與張遠芬、許志強二位先生商榷；
認為賈夢龍擅長曲詞、賈三近熟諳官場的互補性以及在宗教意識、精神氣質、
思想心態、創作風格、親情關係、方言風俗諸方面的共通性，足以保證父子
二人合作完成《金瓶梅》的寫作。

3157　李洪政，識別和鑒定《金瓶梅》作者的可靠依據，徐州師範大學學報，
　　　2003（2）

【解題】《金瓶梅》所寫「清河」大致有如下特徵：既在黃河南岸又在運河邊，離新河口碼頭不遠；因黃河南徙而淤沙無水；運河水流方向和水勢；「臨清碼頭」是河下，南來貨物由「臨清碼頭」起早到「清河」等等，由此足可斷言「清河」實是徐州，而且徐州與作者有重大關係。

3158　許建平，《金瓶梅》作者研究八十年，河北學刊，2004（1）

3159　靳青萬，論《金瓶梅》中所見瓷器以及作者等相關問題，漳州師範學院學報，2004（1）

【解題】《金瓶梅詞話》至遲成書於明萬曆前期，書中所反映的明代的社會生活應當是真實的；作者於該書中不經意而寫到的當時瓷器的情況，許多已不為今人所確知，有的甚或可補陶瓷史料之空白；它對於研究古代陶瓷史，對於由此探尋該書作者的素質結構、身份地位等，均有不可替代的作用與意義，應當引起充分的重視。

3160　魯歌，《金瓶梅》作者「王稺登說」簡論，古典文學知識，2004（3）

3161　王平，《金瓶梅》的早期傳播及其成書時間與作者問題，東嶽論叢，2004（3）

【解題】《金瓶梅》的作者即使不是北方人，也應曾在北方長期生活過，而且他生活的地域環境應是南北交匯、交通便利之處；從小說所描寫的生活習俗、故事內容等來考察，這位作者或寫定者應是明萬曆年間較長時期生活在運河臨清一帶的一位普通文人。

3162　李洪政，解決《金瓶梅》作者之謎的途徑和依據，徐州師範大學學報，2004（5）

【解題】《金瓶梅》提供了發現與鑒定作者的途徑和依據，萬曆五年編的《徐州志》記載了作者王宷的歷史資料，王宷與徐州有密切的關係，完全符合發現和鑒定《金瓶梅》作者的可靠依據；他的全部歷史資料在《金瓶梅》中均有表現，可以解釋許多難解的謎題，如《金瓶梅》用山東省「清河縣」作故事地點，著重描寫「臨清碼頭」，特別是王宷的歷史年代與陳經濟的故事年代連成了一個整體。

3163　潘承玉，《金瓶梅》作者「徐渭說」，古典文學知識，2004（5）

【解題】《金瓶梅》作者是一位生平跨嘉、隆、萬三朝，而主要活動在

嘉靖朝的人物；《金瓶梅》作者除了擁有後人尊奉的小說家頭銜，又是資料豐贍的戲曲學者、技巧嫻熟的戲曲作家、素養全面的畫家與擅長應用文寫作的幕客；強烈民族憂患意識，表明作者有邊關甚或禦敵的生活經歷；作者必是紹興人，是以身邊的生活爲依據來進行藝術創造的；這些條件徐渭都具備。而且具備在萬曆二十二至二十三年把抄本傳給董其昌，二十九年前後傳給文在茲的條件的惟一人物是董的至交、文的老師、徐渭遺稿整理者、翰林院編修陶望齡；袁中道「紹興老儒」說是其兄萬曆二十五年紹興之行中「於亂文集中識出徐渭」眞相的曲折流露。吳人呼吳國公主爲廿女，廿公可指吳國公子，吳國公子季札悼徐君乃史書名典，因此廿公跋署名暗示作者姓「徐」；全書貫穿始終的惟一歷史見證性人物「陰陽徐先生」和虛構的惟一正面官員「嚴州徐知府」都姓徐，也暗示作者姓「徐」；故事背景改在清河縣，既承《水滸》屬東平府，又暗指屬淮安府，淮安府首縣山陽遙射「山陰」，此即作者籍貫；清河又即「清」水，即「涇濁渭清」之「渭」水，且嚴州徐知府又係渭水發源地陝西臨挑人氏，作者名中含「清」、「渭」等字（徐渭初字文清）；「蘭陵」二字拆開指蘭亭和大禹陵，爲越地文采風流、剛健有爲兩面之象徵，合指「紹興」，不拆開則爲鄉人對蘭亭所在之蘭諸山之別稱，徐渭死後葬此；欣欣子序「明賢里」應爲「明代集賢里」，徐渭曾自居爲集賢里中人；徐渭常以「一笑一笑」和「呵呵」爲行文打趣語，又有「天池生」之稱，此則「笑笑生」所由；徐渭自云有「不欲章己之名，而又不欲盡沒其跡，故爲此隱訣」的著書藏名於謎之愛好；其《與馬策之》、《冊年》、《畫插瓶梅送人》等作品更明確暗示自己有一部名含「瓶梅」的長篇小說。又，西門府興衰的一些重要見證人王四峰、吳道官、道堅、雷總兵甚至胡僧等都見於徐渭詩文，實是徐渭朋友之名；《路史》記載虞姬墓和晏公廟，堪稱小說有關描寫的確注，《畸譜》明言居於獅子街五年，報恩寺、水月寺、昭化寺等重要地名亦見於徐渭詩文或劇作；冰湃鰣魚、黃炒銀魚等等風物，立秋鼃、靈前偶戲等等市井找樂和瀛洲等種種典實均見於徐渭詩文，連西門慶外貌、飲撰習慣和臨終下體瘡毒之病都可以在徐渭自述文字中找到蹤影；徐渭「今有欲者遍天下，而求一人只幾於中節，不可得也」可視爲小說性描寫的思想基礎；因感於鄉風並激於沈煉的死而寫《金瓶梅》，又因其才華卓犖、個性傲岸卻一生坎坷不幸，形成憤惋無聊的人生絕望，這使小說不限於對朝政的影射和抨擊，而橫掃整個社會世道人心，既代沈煉鳴冤，也是自己悲憤的自瀉，從而形成全書透骨悲涼

和冷峻的基調。今按：此說難以成立。

3164　葉桂桐，關於《金瓶梅》的版本與作者問題──兼致臺灣魏子雲先生，
　　　保定師範專科學校學報，2005（3）

【解題】現存所謂「萬曆本」《新刻金瓶梅詞話》實刻於清初；將《金
瓶梅》的作者說成蘭陵笑笑生，是書商作僞；蘭陵笑笑生不可能是《金瓶梅》
的作者。

3165　潘承玉，無中生有的政治「罪行」──《金瓶梅》作者「蕭鳴鳳」說
　　　新證駁議之一，明清小說研究，2006（3）

3166　潘承玉，伊何底止的指鹿爲馬──《金瓶梅》作者「蕭鳴鳳」說新證
　　　駁議之一，學術界，2006（4）

3167　潘承玉，匪夷所思的想像探戈──評盛鴻郎《蕭鳴鳳與〈金瓶梅〉》，
　　　文藝研究，2006（8）

3168　夢梅館、梅節，關於《金瓶梅》作者的問與答，明代文學論集，杭州：
　　　浙江大學出版社，2007

3169　張同勝，陳繼儒與《金瓶梅》的作者，徐州工程學院學報，2010（2）

【解題】從《金瓶梅》的傳播接受、《金瓶梅》的成書方式、董其昌與
陳繼儒二人的交遊厚密關係、《金瓶梅》的創作風格等，推斷《金瓶梅》的作
者是陳繼儒從吳越間延招來薈蕞成書的「窮儒老宿」。今按：此乃臆論。

3170　徐永明，《金瓶梅詞話》作者爲武進作家白悅（待刊）

3171　徐永明，《金瓶梅詞話》作者爲武進作家白悅續考，昆明學院學報，2010
　　　（2）

【解題】繼《〈金瓶梅詞話〉作者爲武進作家白悅》之後，從皇甫汸爲
白悅詩文集《白洛原遺稿》所作的序、徐階爲白悅撰墓誌銘及《金瓶梅詞話》
內證等入手，進一步證實《金瓶梅詞話》的作者爲江蘇武進作家白悅，而《金
瓶梅》的最早收藏者爲徐階。

3172　徐永明，白悅與曲家交遊考──《金瓶梅詞話》作者「白悅說」三考，
　　　明清小說研究，2010（2）

【解題】由於《金瓶梅詞話》大量使用了山東方言，且小說第十七回俳
優在朱太尉府唱的《正宮·端正好》套曲「享富貴受皇恩」引用了李開先《寶

劍記》的原文，更進一步證明了白悅是最符合《金瓶梅詞話》作者條件的人選。

3173　徐永明，《金瓶梅詞話》的作者爲江蘇武進作家白悅第四考，徐州工程
　　　　學院學報，2010（2）
　　　　【解題】從醫學、金華酒、白悅與夏言的關係等角度進一步佐證「白悅
說」。

3174　劉銘，《金瓶梅》的作者非李開先或賈三近考，江漢大學學報，2010（5）
　　　　【解題】在李開先和賈三近的祖輩、父輩中，有多人的名字與《金瓶梅》
中地位卑賤的人物或反面人物的名字用字相同或音同，如果《金瓶梅》的作
者眞是李開先或賈三近，在避諱甚嚴的古代，他們是不可能那樣做的；再加
上《金瓶梅》的作者對泰山周圍的地理形勢很不熟悉等證據，可推斷《金瓶
梅》的作者不可能是李開先或賈三近。

3175　黃霖，《金瓶梅》「初刊」辨僞記略──從「大安本」說起，河南理工
　　　　大學學報，2013（2）
　　　　【解題】先論證十卷線裝的「大安本」是冒充初刊的盜版，從而談及崇
禎本中自稱「原本」的內閣文庫本、張評本中以形形色色的裝作原刊初版的
本子均非眞正的初刊原本，以此說明越打扮成「初刊」、「原本」的本子，越
可能是假的。

3176　周鈞韜，重論《金瓶梅》作者「王世貞及其門人聯合創作說」，河南理
　　　　工大學學報，2014（2）
　　　　【解題】吳晗先生對「王世貞說」的否定不能成立，王世貞說具有強大
的生命力，清人已確證《金瓶梅》是王世貞的「中年筆」；從《金瓶梅》「指
斥時事」、抄本之源、小說中的吳語、王世貞的學識等考察，作者當爲王世貞；
《金瓶梅》是王世貞及其門人的聯合創作，大名士與非大名士共同參與；「聯
合創作說」具有強有力的三大支柱：一、清無名氏《玉嬌梨‧緣起》指出：
「《玉嬌梨》與《金瓶梅》，相傳並出弇州門客筆，而弇州集大成者也。……
客有述其祖曾從弇州遊，實得其詳。」二、《金瓶梅》　中既有大名士參與創
作的內證，又有非大名士參與創作的內證，兩者客觀地共存於《金瓶梅》　這
個統一體中。三、清焦循《劇說》云：「相傳《鳴鳳》傳奇，弇州門人作，惟
『法場』一折是弇州自塡。」今按：此說難以成立。

3177 張崇琛，「豬毛繩」所透露出的《金瓶梅》及《醒世姻緣傳》作者信息，蒲松林研究，2014（2）

【解題】《金瓶梅》及《醒世姻緣傳》中多處提到的「豬毛繩」實有其物，其使用範圍僅限於山東諸城西鄉一帶；兩書中還有不少方物與方言，其流行範圍也在這一地區；這些可爲《金瓶梅》及《醒世姻緣傳》作者「諸城說」提供一定的證據。今按：此說難以成立。

3178 高淮生，考辨《金瓶梅》作者成書縱論《金瓶梅》思想價值——黃霖金學研究綜論，河南理工大學學報，2014（3）

【解題】黃霖的《金瓶梅》研究「外學」與「內學」兼善，主要致力於兩個方面：一是《金瓶梅》作者成書研究，二是《金瓶梅》社會價值研究；代表性著作《金瓶梅考論》和《金瓶梅講演錄》爲金學大廈的建構奠定了重要基石；提出的《金瓶梅》作者「屠隆說」是獨具代表性的「一家之言」。

3179 王煒，20 世紀《金瓶梅》作者研究述論，中國礦業大學學報，2018（2）

【解題】20 世紀，近現代文學學科生成之時，《金瓶梅》的作者問題成爲研究的熱點之一。世紀之初，學界關注的核心問題是，《金瓶梅》的作者是否王世貞；20 世紀中期，關於《金瓶梅》作者問題轉向了這部書是集體編著還是個人獨創的問題；20 世紀的最後 20 年間，學界圍繞《金瓶梅》作者，提出的人選有五十多個，並提出了「寫定者」的概念。20 世紀，學界關於《金瓶梅》作者問題展開了反覆討論。這些討論並不是無意義的，而是深度參與了中國小說研究的轉型過程。學界關於《金瓶梅》作者問題的討論與其他的研究成果一道，推促著《金瓶梅》成爲中國古代長篇小說的典型範例，推動了《金瓶梅》研究方法，乃至小說研究範式的更新，有效地參與了中國小說研究框架和小說理論的建構過程，參與了本土化的文學學科的生成、定型的過程。

3180 程石磊，《金瓶梅》作者「汪道昆說」質疑，合肥工業大學學報，2018（4）

【解題】20 世紀 90 年代以來，潘志義等人提出《金瓶梅》作者爲徽州人汪道昆的觀點。但這些持《金瓶梅》作者汪道昆說的學者們，在相關的論證過程中卻多有失誤——歷史上徽州並未改稱「蘭陵」，汪道昆並未參與編纂《水滸傳》，《金瓶梅》中的徽州方言與習俗的論據也不充分。在尚無新材料

發現之前，目前的研究很難證明《金瓶梅》誕生自徽州，更不能證明《金瓶梅》的作者就是徽州人汪道昆。

水滸傳

3181　胡適，《水滸傳》考證，胡適文集（第二冊）·胡適文存一集，北京：北京大學出版社，2013

3182　胡適，《水滸傳》後考，胡適文集（第二冊）·胡適文存一集，北京：北京大學出版社，2013

3183　謝興堯，《水滸傳》作者考，古今，1943（23～24）

3184　王利器，《水滸》李卓吾評本的眞僞問題，文學評論叢刊（第 2 輯），1979

【解題】李卓吾《水滸》評本中，袁無涯一百二十回刊本爲眞，容與堂一百回刊本爲假。

3185　崔文印，袁無涯刊本《水滸》李贄評辨僞，中華文史論叢，1980（2）

【解題】葉畫夥同袁無涯等刊刻僞李贄評本《水滸》。

3186　徐朔方，從宋江起義到《水滸傳》成書，中華文史論叢，1982（4）；小說考信編，上海：上海古籍出版社，1997

【解題】《水滸傳》作爲口頭文學的水滸故事在元代形成；初次成書當在元末或明初；它是世世代代書會才人和民間藝人的創造性勞動的結晶；編著寫定者爲施耐庵與羅貫中。

3187　羅爾綱，水滸眞義考，文史，1982（15）

【解題】《水滸傳》前七十回半的主題思想是「替天行道救生民」，而後二十九回半的主題思想則是發洩著者對朱元璋誅殺功臣的不平，二者主題思想不同，斷非同一人所寫，當出自二人之手。

3188　袁世碩，《水滸傳》作者施耐庵問題，東嶽論叢，1983（3）

3189　王曉家，《水滸傳》作者及其他——與王利器先生商榷，文學評論，1983（4）

3190　黃俶成，近八十年來對《水滸》作者的爭議，文史知識，1984（11）

3191　徐仲元，施耐庵熱與《水滸傳》作者，內蒙古大學學報，1984（1）

3192 周維衍，《水滸傳》的成書年代和作者問題——從歷史地理方面考證，學術月刊，1984（7）

【解題】《水滸傳》當成書於洪武四年到十年（1371～1377）之間；其作者並不是元人施耐庵，而是羅貫中。

3193 羅爾綱，從羅貫中《三遂平妖傳》看《水滸傳》著者和原本問題，學術月刊，1984（10）

【解題】將《三遂平妖傳》和《水滸傳》對勘後，發現《平妖傳》的贊詞「竟有十三篇被《水滸傳》插入書中共十五處，有的完全相同，有的只因人物的不同而略有改動或增刪，還有的這一處用了一部分，另一部分又用了別部分。只有同一人的著作才會如此，因此認爲：《水滸傳》的著者爲羅貫中，而不是施耐庵；《水滸傳》原本乃是七十回，是一部歌頌農民起義、反抗政府到底的名著；百回本《忠義水滸傳》七十一回以後受招安、征遼國、平方臘並不是羅貫中所著，是後人續加和盜改的。

3194 王曉家，《水滸傳》作者非施耐庵係羅貫中補證，濟寧師專學報，1985（2）

3195 張國光，「兩截《水滸》」之說，豈能成立？——評羅爾綱先生論《水滸》抄《平妖傳》一說之誤，湖北大學學報，1985（3）

3196 徐朔方，再論《水滸傳》和《金瓶梅》不是個人創作——兼及《平妖傳》《西遊記》《封神演義》成書的一個側面，徐州師範學院學報，1986（1）

3197 商韜、陳希年，用《三遂平妖傳》不能說明《水滸傳》的著者和原本問題——與羅爾綱先生商榷，學術月刊，1986（2）

【解題】羅爾綱《從羅貫中〈三遂平妖傳〉看〈水滸傳〉著者和原本問題》一文的論證邏輯是這樣的：首先肯定《平妖傳》的贊詞爲羅貫中所作，而《水滸傳》的贊詞有不少與《平妖傳》的贊詞相似或相同，所以《水滸傳》的贊詞也即羅貫中所作，更進而斷定《水滸傳》爲羅貫中所著。這個推理過程中有兩個關鍵問題：一是《平妖傳》的贊詞是否果眞爲羅貫中所作；二是兩書贊詞的相似或相同，是否必定爲同一人所作。作品插入的贊詞是書會才人或老藝人早就編好的，說話藝人可以根據故事情節的需要選用，選用時不免增刪或拼湊，以致在話本小說、章回小說中所看到的贊詞有的相同（或基

本相同，或部分相同），有的相似（或句子相似，或筆法相似），有不少的贊詞用濫了，成爲俗套（熟套），如果指出它們的作者爲誰（借用詩詞名家的作品當然除外），那是沒有根據的。如在《清平山堂話本》和《京本通俗小說》中的一些學術界公認的宋元話本小説作品裏，就發現了一些與《平妖傳》中相同相似的贊詞，並不是只有同一人的著作才會如此，用《平妖傳》對勘《水滸傳》，並不能説明《水滸傳》的著者和原本問題。

3198　吳小如，「古本水滸傳」辨僞，讀書，1986（11）

3199　李思明，通過語言比較來看《古本水滸傳》的作者，文學遺產，1987（5）

【解題】從語言角度進行分析和比較，認爲《古本水滸傳》的作者有二：前七十回是施耐庵，後五十回是施耐庵以後另一地區的另外一人；《古本》不是《水滸》的眞本，而是僞作。

3200　林同等，《三國演義》、《水滸傳》作者辯證，社會科學輯刊，1988（4）

【解題】從《三國演義》、《水滸傳》的異同來看，重要的是它們異中有同，同中有異；二書作者有一定關係，但決非一人，極可能是兩個不僅相互熟悉而且交誼頗厚的至交。

3201　刁雲展，《水滸傳》的眞正作者是山東人羅貫中，社會科學輯刊，1990（6）

3202　羅爾綱，《水滸傳》的著者及其成書年代，文史，1990（32）

【解題】《水滸傳》的作者是羅貫中，成書於明洪武二十年後至永樂初，約在1387～1407。

3203　羅爾綱，《水滸傳》原本和著者研究，南京：江蘇古籍出版社，1992

3204　李偉實，《水滸傳》成書於元末明初之說不能成立——兼論《水滸傳》的作者爲羅貫中非施耐庵，零陵學院學報，1993（1）；社會科學戰線，1993（6）

3205　劉世德，《水滸傳》的作者是誰，文史知識，1998（4）

【解題】從狹義上說，施耐庵是《水滸傳》的作者；從廣義上說，《水滸傳》是施耐庵、羅貫中二人合作的產品。

3206　周嶺，金聖歎腰斬《水滸傳》說質疑，文學評論，1998（1）

【解題】通過考察《水滸》的版本，對傳統觀點的三個證據一一提出質疑，繼而詳細論證了《水滸》七十回本並非金聖歎所腰斬，而是在他出生之前就已經有了這樣的底本。

3207　王曉家，《水滸傳》作者考論，西安：陝西人民出版社，1998

3208　顧文若，焦中棟，「施耐庵」爲羅貫中之託名，晉陽學刊，1999（1）

3209　陳松柏，《水滸傳》作者研究八說，南都學壇，2000（5）

【解題】關於《水滸傳》作者有施耐庵說、施羅合作說、羅貫中說、山東羅貫中說、明中葉同名小說家說、羅著某續說、非羅非施說、陸續完成說。「陸續完成說」基本接近其成書的歷史眞實。

3210　陳遼，太原清徐羅某某絕非三國作者羅貫中，中華文化論壇，2000（1）

【解題】駁斥據山西太原清徐《羅氏家譜》以其中第六代羅錦之「出外次子」爲《三國演義》原作者羅貫中之說；羅貫中即《水滸傳》中的許貫中，羅貫中晚年隱居於今鶴壁市許家溝寫作《三國演義》和《水滸傳》，全屬子虛烏有。

3211　張國光，「兩種《水滸》說」與「兩截《水滸》說」，究竟誰是誰非？
　　　——回顧我和羅爾綱先生之間歷 20 年之久的一場論爭，零陵師範高等專科學校學報，2000（2）

3212　王麗娟，《水滸傳》成書時間新證，湖北大學學報，2001（1）

【解題】從《詞謔》入手，通過考證崔銑、李開先等評論《水滸傳》的時間，從而斷定《水滸傳》成書時間的下限應不晚於嘉靖九年（1530 年）；通過對《詞品》、《戲瑕》、《百川書志序》的細緻分析，再結合楊愼與崔銑、文徵明之間的關係，推斷出《水滸傳》成書時間的上限應不早於嘉靖三年（1524 年）；現存文獻中，最早著錄和評論《水滸傳》的是明嘉靖時期的一批學者，且《水滸》在嘉靖初年成書與嘉靖初年的社會狀況相契合。

3213　馬成生，《水滸傳》作者與成書年代論爭述評，中華文化論壇，2001（1）

【解題】關於《水滸》作者及成書年代，爭論頗多，突出反映於三個問題：（1）施彥端是否施耐庵？（2）施彥端是否與《水滸》有關？（3）蘇北的施彥端是否與錢塘的施耐庵有關？部分學者主張從作品的地理氣候、語言特色、人事風物等「內證」推究作者的活動區域，認爲作者是長期生活於江

南，主要是錢塘（杭州）的人；通過對作品部分素材來源的考證，認爲《水
滸》可能成書於洪武十八年（1385）之後。

3214　史式，評《「兩種〈水滸〉說」與「兩截〈水滸〉說」究竟誰是誰非？》
　　　——兼論在學術爭鳴中絕不可說假話或無中生有，廣西師範大學學
　　　報，2001（3）

3215　石昌渝，《水滸》成書於嘉靖初年考，上海師大學報，2001（5）
　　　【解題】嘉靖前沒有人知道有《水滸傳》其書；《水滸傳》所描寫土兵
是正德以後的情狀；《水滸傳》寫人們交易廣泛使用白銀，這種情況不可能發
生在正統（1436～1449）之前，很可能在弘治、正德之後；《水滸傳》描寫的
腰刀是明代中期才有的新式兵器，而凌振使用的子母炮，則是正德末才出現
的新式火炮；因此《水滸傳》決不可能寫於明初，只能是在嘉靖初年。

3216　羅文起，評張國光《「兩種〈水滸〉說」與「兩截〈水滸〉說」》，中國
　　　社會科學院研究生院學報，2002（3）

3217　黃中模，是「新的貢獻」，還是「以僞亂眞」？——關於「兩種水滸」
　　　說與「兩截水滸」說問題論爭的述評，水滸爭鳴（第七輯），武漢：武
　　　漢出版社，2003

3218　楊子華，《水滸》的作者是杭州書會才人施耐庵——兼駁《施耐庵墓
　　　誌》、《施耐庵與〈水滸〉》，水滸爭鳴（第七輯），武漢：武漢出版社，
　　　2003

3219　王麗娟，關於《水滸傳》成書時間研究方法的思考，湖北大學學報，
　　　2004（3）
　　　【解題】關於《水滸傳》的成書時間，傳統的研究方法主要有兩種：一
是依據作者，二是通過版本。由於作者眞僞難辨，原始版本未曾發現，所以
從作者或版本來考察《水滸傳》成書時間最終都陷入了僵局。新時期研究者
們開始探索新的研究方法：或從文本出發，尋求成書時間的內證；或從傳播
與接受的角度去探討成書時間。前種方法頗有說服力，但也存在局限性；後
種方法立足於現有的有關《水滸傳》傳播與接受的材料，力圖使討論建立在
事實的基礎上，無論從實踐，還是理論上，無疑都是一種科學的研究方法。

3220　張培鋒，關於《水滸傳》成書時間的幾個「內證」考辨——與石昌渝
　　　先生商榷，貴州大學學報，2004（2）

　　【解題】通過對石昌渝《〈水滸傳〉成書於嘉靖初年考》提出的幾個內證——宋明土兵制度、銀元作爲貨幣流通使用的時間以及子母炮出現的年代等問題進行文獻核查和考證，發現石文對以上幾個問題的考證均存在史實錯誤，因而其得出的「《水滸傳》成書於嘉靖初年」的結論不能成立。

3221　劉天振，「兩種《水滸》說」與「兩截《水滸》說」論爭述評，浙江師範大學學報，2005（1）

　　【解題】「兩種《水滸》說」是張國光《水滸》研究中提出的主要觀點，「兩截《水滸》說」是張國光對羅爾綱《水滸傳》研究主要觀點的概括。所謂「兩種《水滸》說」與「兩截《水滸》說」的論爭，在上世紀八九十年代並不存在，雙方（張國光與羅爾綱的捍衛者）眞正的論爭發生在新舊世紀之交。該文對這場論爭涉及的主要問題進行了簡要述評，認爲二人思維邏輯的出發點實際完全一致，那就是：「凡是歌頌農民起義的、凡是宣揚造反到底的就是好的，就是值得肯定、頌揚的；反之就是壞的，就是應該徹底否定、批判的。」新舊世紀之交的這場「兩種《水滸》說」和「兩截《水滸》說」的論爭蛻變成了人身攻擊，其中暴露出來的一些學風問題尤應引起我們深思：像斷章取義，惟我所用；打擊別人，抬高自己；甚至捏造事實、無中生有，以構陷對方；這些都是政治鬥爭惡習在學術領域的蔓延，是長期以來政治鬥爭滲透學術研究的後續反映。學術爭鳴，貴在自由，任何一種學說都無法拒絕新說的挑戰，作爲學術研究的主體要胸懷廣闊，容得下不同見解，允許新權威超越自己，任何人在任何領域要搞學術壟斷和霸權都是徒勞無益的。

3222　石昌渝，《水滸傳》成書於嘉靖初年續考——答張培鋒先生，文學遺產，2005（1）

　　【解題】就張培鋒《關於〈水滸傳〉成書時間的幾個「內證」考辨》一文的質疑之點一一作了辨析和回答，並進一步論定《水滸傳》成書當在嘉靖初年。

3223　張培鋒，《水滸傳》成書於嘉靖初年說再質疑，貴州大學學報，2005（4）

　　【解題】針對石昌瑜《〈水滸傳〉成書於嘉靖初年續考》一文，依據大量新發現的資料，對石文中的考證和辯解作出反駁，指出石文章根據不完備的資料所得出的結論是錯誤的。

3224　丁一清，論《水滸傳》的成書類型，西北民族大學學報，2005（2）

【解題】《水滸傳》的成書過程一般認為是世代累積型，從史料、話本和戲曲考察，認為：在文獻資料中既無具體的史料作品傳世，也無系統的話本作品流傳，所出現的水滸故事雜劇其主體內容與小說水滸分屬兩個系統，看不到故事內容的演化和藝術因素積累的過程。由此可以看出水滸故事內容並非呈持續累積狀，其成書不同於《三國演義》等世代累積型小說，應屬文人獨創。無論是從語言藝術、敘事技巧還是從作品內容、思想立意考查，《水滸傳》都具有鮮明的個性色彩，表現出了作家獨立創作的特點。

3225　王穎，也談《水滸傳》成書時間之內證——與張培鋒先生商榷，中國社會科學院研究生院學報，2005（4）

【解題】張培鋒《關於〈水滸傳〉成書時間的幾個「內證」考辨》反駁石昌渝《〈水滸傳〉成書於嘉靖初年考》，其所舉事例和證據有明顯錯誤，關於「土兵」、「白銀」、「腰刀」和「子母炮」等，正如石文所考證，可以作為《水滸傳》成書於明朝嘉靖初年的內證。

3226　侯會，疑《水滸傳》前半部撰於明宣德初年，文學遺產，2005（5）

3227　馮保善，從白秀英說唱諸宮調談《水滸傳》成書的下限，南京師範大學文學院學報，2006（1）

【解題】以《水滸傳》中「白秀英說唱諸宮調」一段情節為內證，認為《水滸傳》的成書年代下限為元末或者明初，而絕不可能再晚。

3228　崔茂新，論「《水滸傳》成書於嘉靖初年」說之不成立，菏澤學院學報，2006（3）

【解題】嘗試終結由石昌渝「《水滸傳》成書於嘉靖初年」所引發的論爭，在對石氏立論證據「土兵」、「銀子」、「子母炮」及「腰刀」逐一證偽的基礎上，從學術思維和文學史脈的雙重背景上論證，認為：即使以學術假說視之，石氏之說亦不能成立；進而提出「《水滸傳》成書於元代中葉」的學術假說。

3229　周臘生，從淡薄的斯文氣息看《水滸》的作者與成書年代，明清小說研究，2006（4）

【解題】宋、明文武科舉均盛，《水滸》中卻少見科舉文化的滲透，數

百人物中只有 6 人跟科舉相關；《三國演義》每寫人物的拜師求學，讚頌文士的出眾文才、非凡見解，《水滸》則很少有斯文氣息；因此，《水滸》的最早定稿藍本當出於科舉衰落、斯文掃地的元代，且出自不甚精通文史，未曾進過科場的下層人士之手。今按：此亦臆論。

3230　顏廷亮，由歷史地理文化看《水滸傳》之成書時代，時代文學，2006（4）

【解題】立足歷史地理文化從兩方面論證《水滸》成書時代：一、從古今地名與元明兩代的行政歸屬論證《水滸》成書於明代；二、從小說中出現的地理名東昌府及其歷史沿革論證《水滸》成書於明代。

3231　劉華亭，《水滸傳》的成書年份和羅貫中的生卒之年，濟寧師範專科學校學報，2006（5）

【解題】《水滸》69 回～81 回所寫的故事多與會通河有關，以此可以證明該書完成於明代會通河疏濬前後，約在公元 1402 年至 1414 年之間；作者羅貫中的生卒年為公元 1330～1416 年。

3232　陳玉東，袁無涯本《水滸傳》辨偽，哈爾濱學院學報，2006（6）

【解題】從版本、時間和文風、思想、小修的記載、其他評點等幾個角度來辨偽，認為標稱李贄評點的袁無涯本《水滸傳》應該是一個偽本。

3233　何紅梅，新世紀《水滸傳》作者、成書與版本研究綜述，蘇州大學學報，2006（6）

3234　郭萬金，梁山好漢與刀及酒之關係——兼談《水滸傳》之成書年代，明清小說研究，2007（1）

【解題】《水滸傳》中的解腕尖刀、三尖兩刃刀、袞刀等對象首見於明初，通行於明中葉的；《水滸傳》中「當鋪」缺席；這些都說明了它的成書時間不在元代，可能是明初至中葉。

3235　蕭相愷、苗懷明，《水滸傳》成書於嘉靖說辯證——與石昌渝先生商榷，文學遺產，2007（5）

【解題】對石昌渝《水滸傳》成書於嘉靖間的觀點提出質疑，通過對文獻的辨析指出：早在嘉靖之前就有《水滸傳》一書；《水滸傳》中的名物，諸如「子母炮」、「腰刀」、「碎銀子」、「土兵」等都反映了宋元時代的生活實際，

不能證明《水滸傳》成書於嘉靖間；早期的《水滸傳》本子署施耐庵、羅貫中，而羅貫中的時代又可肯定在元末明初，《水滸傳》成書於元末明初的結論迄今爲止尚不能推翻。

3236　石昌渝，《水滸傳》成書年代問題再答客難，文學遺產，2007（5）

【解題】關於名物的討論，不能只顧名不究實；引徵文獻資料，必須對資料的時代屬性和文獻價值進行考量，並作客觀的和正確的解讀；作爲《水滸傳》成書時間座標而提出的「土兵」、「腰刀」、「子母炮」和用銀等問題，是屬於古代兵制史、兵器史、火炮史和經濟貨幣史的重要問題，僅僅根據片斷和隨意羅列的一些例子作出判斷是不盡恰當的，必須佔有充分的材料，全面地、歷史地考察。

3237　張寧，從貨幣信息看《水滸傳》成書的兩個階段，文學遺產，2007（5）

【解題】《水滸傳》的主體創作分兩階段：前一階段在洪武末至永樂初年，某作者在舊有水滸故事的基礎上，寫出一個內容大致完整但較爲粗略的稿本，因此在「前半部」、「後半部」都有明顯是用鈔的情節；後一階段在成化到嘉靖初年之間，另一作者大幅度添寫潤色，最終成書，大量的用銀（特別是用碎銀子）的情節，是他無意間留下的證據。

3238　杜貴晨，《水滸傳》的作者、書名、主旨與宋江，南都學壇，2008（1）

【解題】《水滸傳》的作者或主要作者是羅貫中，《水滸傳》的書名出自《詩經・大雅》，體現了全書「忠義」的主旨。

3239　劉洪強，從唐伯虎一句詩看《水滸傳》的成書年代──《水滸傳》成書上限小考，明清小說研究，2008（2）

【解題】唐伯虎詩句「駿馬卻馱癡漢走，美妻常伴拙夫眠」出現在《水滸傳》中，此詩與《水滸傳》可能有三種關係：（1）《水滸傳》引用唐伯虎的詩；（2）唐伯虎引用《水滸傳》的詩；（3）二者都引用別人的詩。但從文學發展的規律以及相關內證上看，應該是《水滸傳》引用唐伯虎的詩。因而，《水滸傳》當作於唐伯虎寫作此詩之後。按常理唐伯虎作此詩應爲成年（18 歲）到去世這段時間，如果是 18 歲，則不早於弘治元年；如果把此詩定在唐伯虎去世那年（1523），則《水滸傳》成書不早於 1523 年。

3240　馬成生，從施彥端的「仕途」論《水滸傳》的作者，杭州師範大學學

報，2008（4）

【解題】從《水滸傳》內部的北方地理態勢與氣候風物的描寫以及語言文字的運用三個方面，可以說明蘇北那個曾爲「進士」並曾「爲官」的施彥端字耐庵者並非《水滸傳》的作者。

3241　侯會，《水滸傳》成書時間再探討，文學遺產，2008（6）

3242　蕭相愷、苗懷明，《水滸傳》成書於嘉靖說再辯證──石昌渝先生《答客難》評議，文學遺產，2008（6）

【解題】該文是對石昌渝《〈水滸傳〉成書年代問題再答客難》一文的回應，並對《水滸傳》成書於明嘉靖間的觀點進行再辯證，認爲《水滸傳》中的「子母炮」、「腰刀」、「銀子」、「土兵」等名物及其實際使用，都不足以認定是出現在明成化後、嘉靖間，《水滸傳》成書於「嘉靖說」不能成立。

3243　俞強，《水滸傳》作者施耐庵假說，水滸爭鳴（第十輯），武漢：崇文書局，2008

3244　馬成生，錢塘施耐庵與興化施彥端難以「合一」，水滸爭鳴（第十一輯），北京：中央文獻出版社，2009

3245　劉銘，從林沖的「折疊紙西川扇子」看《水滸傳》的成書年代，明清小說研究，2009（4）

【解題】「折疊紙西川扇子」的流行當不會在明初的永樂（1403～1424）之前，而《水滸傳》中的林沖卻拿了一把「折疊紙西川扇子」，該文以此爲出發點並結合其他證據，推斷《水滸傳》的成書不可能在元末，其成書上限當不早於明朝初期的永樂年間，即不會在 1403 年之前。

3246　周臘生，從元曲語詞的使用看《水滸》的作者與成書年代，明清小說研究，2009（4）

【解題】《水滸》大量地純熟地使用「兀那」、「兀自」、「恁地」、「這廝」、「那廝」、「叵耐」等元曲語詞，這些語詞絕大部分在元曲出現之前就有，個別的甚至出現很早；但是，在元曲出現之前，只有不多的文人偶而使用上述語詞中的一兩個，《水滸》在語詞運用上受元曲影響這麼深，其最早定稿藍本當出於元代，而且前後不是一個作者，前 69 回的作者大量使用元曲上述特有語詞是自然流露的語言風格，而後 51 回的作者是改編增補者，使用元曲特有語詞則是對前 69 回語言風格的刻意模仿。

3247　王平，《水滸傳》「靈官殿」小考——兼及《水滸傳》成書時間問題，遼東學院學報，2010（1）

【解題】《水滸傳》第十三回和第十四回都寫到了劉唐醉臥靈官殿，這應是靈官信仰在民間較爲普遍所致；「王靈官」首先受到明代上層統治者的推崇，然後逐漸在民間傳佈開來，從永樂年間開始，至弘治年間達到高潮；就靈官殿這一描寫來看，《水滸傳》成書似更符合明代弘治年間的情形。

3248　何紅梅，十年來《水滸傳》作者、成書年代與版本研究述要，菏澤學院學報，2011（3）

3249　馬成生，「讓《水滸傳》自己來指認」——關於《水滸傳》的作者，濟寧學院學報，2012（1）

【解題】從《水滸傳》中江北部分的氣候物象描寫、地理態勢描寫以及素材採集、歷史知識文字功底等來看，其作者不應是大豐施彥端；而從《水滸傳》中江南部分（主要是杭州一帶）的氣候物象描寫、地理態勢描寫以及素材採集、方言「兒尾詞」的運用等來看，其作者應是「錢塘施耐庵」。

3250　許勇強、鄧雷，近20年《水滸傳》作者研究述評，東華理工大學學報，2012（4）

3251　李孟儒，《水滸傳》作者爲羅貫中考論，山東師範大學碩士學位論文，2013

【解題】該論文結論是《水滸傳》的作者爲羅貫中。第一章「從版本題署看《水滸傳》作者」，認爲「東都施耐庵撰」源於金本，屬於金聖歎的杜撰，「錢塘施耐庵編輯」更將原本屬於羅貫中的「編輯」一職改掉，從「施耐庵的本」、「羅貫中編次」到「施耐庵集撰」、「羅貫中纂修」中可以看出，施耐庵的職責相當模糊，而且「的本」作者不能成爲小說《水滸傳》作者的依據，而羅貫中在各個版本題署中多次以獨立的面貌出現，比施耐庵更具有成爲作者的資格。第二章「從明清筆記和史料中看《水滸傳》作者」，認爲明清筆記史料中有多處提到羅貫中創作《水滸傳》的記載，這些材料如果正確地解讀，是可信的；而提到施耐庵作《水滸傳》的材料，要麼沒有根據，要麼經不起推敲。第三章「從《水滸傳》文本看作者」，認爲《水滸傳》全書忠義貫通，思想統一，雖然前後忠義側重不同，藝術有高下之分，這些都存在著另外的原因，不能據此認爲《水滸傳》爲施、羅合著；《水滸傳》中大量描寫存在江

浙的痕跡（尤其是杭州），也有山東的痕跡（尤其是東平及其周圍），從這兩點來看，無論是錢塘的施耐庵與江蘇興化的施某某都不能成為作者，而羅貫中恰好有這個可能。第四章「從《三國演義》《平妖傳》與《水滸傳》對比來看作者」，認為前二書與《水滸傳》存在不少共性，思想、故事情節、情景描寫、人物塑造等方面存在在不少相同相似之處，似乎可以證明它們同出於羅貫中之手。

3252　汪吾金，《水滸傳》作者施耐庵「新證」中的幾個「內證」問題：試評浦玉生先生的施耐庵研究，明清小說研究，2014（1）

【解題】從小說內部尋找作者生平的證據不可簡單對號入座，在可靠資料匱乏和眾說紛紜的情況下更應謹慎科學考證；所謂小說中范仲淹、梁山水泊、北極殿、張姓細節、販私鹽、陸謙、潘金蓮、潘巧雲、小孤山、山神廟、草料場、武松打虎等描寫是興化施彥端為《水滸傳》作者「內證」的種種說辭均難以成立，這反而一定程度上可佐證錢塘施耐庵之說；從一個不可靠的前提出發，利用一些不可信的材料來證明一個不能確定的結論，那是沒有學術性的。

3253　任祖鏞，《水滸傳》作者興化施耐庵新證，東南大學學報，2014（5）

【解題】白駒場從宋代至 1952 年大豐建縣前一直在興化境內，從宋至清，除鹽戶、鹽課外，歸興化縣管轄；大豐建縣後，白駒場的絕大部分仍在興化境內；「興化白駒場」決非「今屬大豐」，更沒有理由認為「興化白駒場」就是「今大豐白駒鎮」；施耐庵故里（包括陽宅、陰宅）應在興化縣白駒場施家橋（今興化市新垛鎮施家橋）。

3254　莫其康，《水滸傳》的作者究竟是誰——呂乃岩之《試說羅貫中續〈水滸〉》述評，菏澤學院學報，2015（6）

【解題】呂乃岩之《試說羅貫中續〈水滸〉》，辨析了《水滸》前後部分之間存在的不少矛盾之處，梁山好漢最可貴的反貪官、反豪強的精神到下半部完全改變，受招安更是違反歷史發展規律，而羅貫中的一貫思想是維護封建正統，反對農民起義，將《水滸》後半部與羅貫中本人所作的《三遂平妖傳》、《殘唐五代史演傳》相對照，也會發現不少相似之處，從而揭示了《水滸》前半部分為施耐庵原作，後半部分為羅貫中續作，並認為「王道生《施耐庵墓誌》可信」。《述評》進而指出，由於不適當的行政干預，致使 1952 年、

1982 年施耐庵身世調查成果未得彰顯。在其他地方沒有發現任何實質性否證的情況下，現在是到了堅決採信施耐庵身世調研成果，可以認定興化白駒場施耐庵《水滸》著作權的時候了。

3255 李永祜，《水滸傳》兩種僞李評本考辨，中國文學研究（輯刊），2015（1）

【解題】容與堂刻本《水滸傳》，最初以「諸名家先生批評」的名義刊行而由葉畫執筆作評語，證據確鑿充分。李卓吾死後，容與堂將葉畫評語改換成「李卓吾先生批評」的名義刊行，但版本中誤留「諸名家先生批評」的字樣，是其偽託李評的內證，繼之又插入李卓吾序言等，仍以李評名義再版兩次。通過分析李卓吾、袁無涯、楊定見等人的生平事蹟，比較各本評語的思想內容，並細讀袁中道日記的相關記載，可知袁刻李評本與容刻李評本均係假冒偽託李評本。

3256 鄧雷，袁無涯刊本《水滸傳》原本問題及刊刻年代考辨——兼及李卓吾評本《水滸傳》真偽問題，福建師範大學學報，2017（3）

【解題】在《水滸傳》研究中，一般認為容與堂本刊刻於袁無涯本之前。最早對此提出疑議的是章培恒先生，並對此給出一些旁證。美國哥倫比亞大學藏本《讀升菴集》扉頁之出版告白是解決這一問題的重要線索，但向來未受重視。以《讀升菴集》扉頁之告白結合相關文獻進行研究，可知袁無涯原刊本的刊刻時間早於容與堂本，大約刊刻於萬曆三十七年（1609）至萬曆三十八年（1610）之間，並且可以確定容與堂本是葉畫偽託李贄的評點本。同時，通過現存多種版本的校勘，可知現存袁無涯本並非原刻本，其中評點已非完全的李卓吾評點原貌；現存大滌餘人序本保留了李卓吾評本的原貌，而大滌餘人序本的祖本是袁無涯刊刻的李卓吾評點《水滸傳》之原刊本。

3257 楊大忠，施耐庵傳說辨正與溯源，文學與文化，2018（3）

【解題】施耐庵傳說成為證明蘇北施彥端就是《水滸傳》作者施耐庵的重要證據，雖然許多學者對此進行否定，但都存在著問題，沒能從單純辨正的角度單獨審視施耐庵傳說。其實，只要推斷出蘇北施耐庵的大致生卒年，輔以《水滸傳》在明朝流傳的事實，加上從《水滸傳》中尋找出相應的內證，然後以之與流傳於蘇北大地的施耐庵傳說相比照，就可以對施耐庵傳說的真偽進行鑒別；聯繫《水滸傳》流傳的事實和版本衍變規律，從源頭上推斷施

耐庵傳説出現的時代，揭示施耐庵傳説與蘇北地區合流的規律與特徵，就可以看出蘇北施耐庵傳説的問題。

3258　溫慶新，文獻傳播學視野下的《水滸傳》作者研究，中國文化研究，2018（2）

【解題】從文獻傳播學視野進行古代小説研究，有助於深入探討小説文獻及其載體的文本信息源、寫作者、文獻傳遞者、傳播渠道、傳播手段及傳播環境等方面對古代小説傳播與詮解的影響。據此探究《水滸傳》的作者時，可以發現在明代《水滸傳》版本題署、目錄學著述、相關族譜與家譜、明人筆記等《水滸傳》早期流傳的文獻載體中，或作施耐庵，或作羅貫中，或署施、羅二氏，眾説紛紜。然而，上述文獻載體的記錄者與《水滸傳》之間均非直接相關，所言的信息來源多係「聽」「聞」或閲讀「故老傳聞」，研判結論多屬感性認識，甚至存在互抄與隨意發揮等現象。從《百川書志》等明代目錄學著述到郎瑛、李贄、馮夢龍、「笑花主人」等涵蓋彼時社會各階層的時人筆記，再到現存《水滸傳》早期刊本的版刻題署，多將施耐庵與羅貫中二人並舉。通過這些多重證據可知，施耐庵與羅貫中對《水滸傳》最終定型的作用甚大，兩人皆是作品的重要編纂者，不可隨意抹殺其中任何一人。而《施耐庵墓誌》《故處士施公墓誌銘》《施氏長門譜》等文獻所提及的施彥端與寫作《水滸傳》的施耐庵二者是否爲同一人，仍缺乏有效勾連的證據，有待學界進一步深入研究。

3259　王齊洲、王麗娟，文獻──傳播學方法是解決通俗小説疑難問題的有效方法──以《水滸傳》成書年代的討論爲例，南京大學學報，2018（3）

【解題】近百年來的《水滸傳》作者和版本研究，未能解決《水滸傳》成書年代問題。作者、版本等固然重要，但在這些問題疑莫能明的情況下，確定作品成立的有效證據應該是作品的傳播和讀者的接受：如果有文獻證明某部作品在社會上流通，無論以什麼方式，只要有人收藏、著錄、閲讀或評論該作品，就應該承認該作品的存在，反之則表明其不存在。這種研究方法是文獻──傳播學方法。運用這樣的方法討論某部作品的成書年代，就可以將討論建立在可靠文獻的基礎上，避免了因作者、版本、內證等疑難問題而產生困擾的窘境。科學研究只尊重事實，不迷信權威。因此，在討論通俗小説

成書年代（包括作者、版本、内證等）時，凡沒有直接文獻——傳播學證據證
明的結論，都只能視爲猜想或假説，不能作爲定論，更不能把這種假説作爲下
一個結論的證據來使用，以致使得有關研究結論成爲一大堆假説。今天的通俗
小説研究存在著太多這類假説。而從現有文獻來看，最早記載《水滸傳》流傳
信息的是李開先的《詞謔》，從中可以分析出《水滸傳》成書和流傳的確定時間
在明嘉靖三年至九年之間（1524～1530 年），而不是通常所説的元末明初。

曹雪芹與紅樓夢

3260　胡適，《紅樓夢》考證，胡適文集（第二冊）·胡適文存一集，北京：
　　　　北京大學出版社，2013

3261　容庚，《紅樓夢》的本子問題質胡適之、俞平伯先生，北京大學研究所
　　　　國學門週刊，1925（5、6、9、11）

　　　【解題】就胡適、俞平伯「《紅樓夢》後四十回出自高鶚」的文本證據
提出質疑，認爲百二十回本是曹雪芹原本，後四十回不是高鶚補作的。

3262　宋孔顯，《紅樓夢》一百二十回均曹雪芹作，青年界，1935（5）

3263　王佩璋，《紅樓夢》後四十回的作者問題，光明日報，1957，2，3

　　　【解題】百二十回《紅樓夢》後四十回可能絕大部分都不是高鶚續作的，
而是程偉元買來的別人的續作。

3264　林語堂，平心論高鶚，中研院歷史語言研究所集刊（第 29 本下冊），
　　　　1958

　　　【解題】曹雪芹成書八十回後距其棄世尚有九年，期間焉有停筆之理，
所以百二十回本後四十回當爲高鶚搜集修補之作。從「補」與「續」的内涵、
《紅樓夢》有無殘稿散稿等方面論證曹雪芹寫完了《紅樓夢》全書，並針對
胡適「後四十回係高氏僞作之論」進行了駁論。

3265　佚名，北京發現《紅樓夢》手抄本，後四十回疑非高鶚所續，文匯報，
　　　　1959，6，20

3266　趙岡，談《紅樓夢》後四十回的著者，（臺灣）文學雜誌，1959（4）

3267　趙岡，今本後四十回是誰續的，大陸雜誌，1960（2、4）

3268　曹允中，《紅樓夢》後四十回作者問題的研究，（臺灣）中央日報，
　　　　1966.4.21～28

3269　倫艾，《紅樓夢》後四十回到底是誰寫的，（臺灣）文壇，1967（85）

3270　趙岡、陳鍾毅，《紅樓夢》續書人究竟是誰，紅樓夢新探，香港：文藝
　　　　書屋，1970

3271　方豪，《紅樓夢》後四十回的作者問題，紅樓夢研究彙編（第 2 輯），
　　　　臺北：巨浪出版社，1974

3272　陳方，「曹雪芹佚詩」辨偽，南京師院學報，1977（4）

3273　王利器，高鶚、程偉元與《紅樓夢》後四十回，揚州師院學報，1978
　　　　（1～2）

3274　薛洪，從「脂稿本」看《紅樓夢》後四十回的作者，社會科學戰線，
　　　　1978（3）

　　　【解題】「脂稿本」不是高鶚、程偉元的手稿，其後四十回中的簡本也
不是程、高所作，程、高只是整個一百二十回《紅樓夢》的整理印行者；現
在的後四十回與曹雪芹的關係也不大，因為前八十回與後四十回在思想藝術
水平及藝術風格上差別較大。

3275　吳世昌，曹雪芹佚詩來源與真偽，徐州師院學報，1978（4）

3276　陶劍平，《紅樓夢》後四十回非高鶚續作，中華文史論叢，1979（3）

3277　吳世昌，論曹雪芹佚詩——闞辨「偽」謬論，瀋陽師院學報，1979（4）

3278　李萊清，對《紅樓夢》後四十回作者問題的一點淺見，圖書評介，1979
　　　　（4）

3279　周汝昌，《紅樓夢》「全璧」的背後，紅樓夢學刊，1980（4）

3280　蕭立岩，高鶚續《紅樓夢》後四十回說質疑，北京師範大學學報，1980
　　　　（5）

　　　【解題】程本的後四十回決不是憑空而來，儘管其中可能摻入了別人的
一些筆墨，但基本內容還應當是屬於曹雪芹的。

3281　蕭立岩，從敦誠等人的卒年試談《紅樓夢》後四十回的作者問題，紅
　　　　樓夢研究論叢，長春：吉林人民出版社，1980

3282　侯森汾，後四十回作者問題，紅樓夢研究集刊（第 2 輯），1980

3283　宋謀瑒，關於《紅樓夢稿》的幾個問題，中國古典文學研究論叢（第 1
　　　　輯），長春：吉林人民出版社，1980

　　　【解題】相關部分在第六節「『蘭墅閱過』和後四十回的作者問題」。

3284　周汝昌，《紅樓夢》「全璧」的背後（續），紅樓夢學刊，1981（1）

3285　陸樹崙，有關後四十回作者問題的材料考辨，紅樓夢學刊，1981（2）

3286　李陽春，《紅樓夢》前八十回與後四十回語言差異十例，湖南師院學報，
　　　1981（2）

3287　王昌定，讀《〈紅樓夢〉「全璧」的背後》——與周汝昌同志商榷，紅
　　　樓夢學刊，1981（4）

3288　朱南銑，《紅樓夢》後四十回作者問題劄記，紅樓夢研究集刊（第6、7
　　　輯），1981

3289　王昌定，關於《紅樓夢》後四十回的著作權問題，天津社會科學，1982
　　　（1）

【解題】《紅樓夢》後四十回的著作權仍應屬曹氏，高鶚（還應當加上程偉元）的工作，基本上只是修補工作。

3290　朱眉叔，論《紅樓夢》後四十回的作者問題，遼寧大學學報，1982（3）

3291　宋浩慶，《紅樓夢》後四十回辨，北京師院學報，1982（3）

3292　韓文志，也談《紅樓夢》後四十回的作者問題，大慶師專學報（遼寧
　　　省第四次紅樓夢學術討論會專輯），1982

3293　金榮貴，末十數卷，他人續之耳——從《紅樓夢》敘述語對書中人物
　　　的稱謂上考證後四十回作者，江蘇省《紅樓夢》學術討論會論文，1982

3294　陳詔，《紅樓夢》第一百零五回事曹雪芹殘稿論，紅樓夢與金瓶梅，銀
　　　川：寧夏人民出版社，1982

3295　佚名，《紅樓夢》後四十回多係曹雪芹真筆，文匯報，1982，10，17

3296　王昌定，「脂評」與《紅樓夢》後四十回，天津社會科學，1983（2）

3297　陶劍平，程偉元、高鶚與《紅樓夢》後四十回，寧波師專學報，1983
　　　（3）

3298　陳鳴，這樣的商榷要不得——關於王昌定同志《讀〈紅樓夢〉「全璧」
　　　的背後》，紅樓夢學刊，1983（4）

3299　王華欽，《紅樓夢》八十回後佚稿作者初探，紹興師專學報，1983（2）；
　　　紅樓夢研究，1983（10）

【解題】曹雪芹未完成《紅樓夢》全書的創作就「淚盡而逝」了，而他的創作工作終於由他的密友、續妻——脂硯齋最後完成。

3300　王永,《紅樓夢》後四十回作者的再議——兼評考證方法上的幾種傾向,紅樓夢學刊,1984(1)

【解題】關於《紅樓夢》的創作與續書,最好搜集與曹雪芹、高鶚關係比較密切的人的證言;離開這些見證人、知情人的第一手資料,大量轉抄一般閱讀者的記載,無疑是「舍本求末」了。從脂硯齋的批語可知,曹雪芹並沒有完成他的全部著作;裕瑞也說「余曾於程、高二人未刻《紅樓夢》版之前,見過抄本一部」,「八十回書後,唯有目錄,未有書文」;張船山說「傳奇《紅樓夢》八十回後,俱高鶚所補」,尤鳳眞爲《瑤華傳》所寫序中提及的《紅樓夢外史》,實即高氏所續的稿本之一。所謂程甲本問世前,社會上曾流行過一種百二十回的版本的話,純係猜測,如果說確有一種百二十回版本流行的話,那就是高鶚的幾個初稿本;以後,又用另一個高氏修改本加以校正,但這個修改本,仍非高氏最後付印的定稿本,所以才出現有一部分文字既不同於程甲,又不同程乙的情況。

3301　杜福華,試論《紅樓夢》後四十回仍爲曹雪芹所作,紅樓夢學刊,1985(1)

【解題】如果沒有與曹雪芹同樣的哲學觀、歷史觀、政治觀、道德觀和美學觀,沒有同樣悲慘的生活際遇和同樣豐富的生活經驗,沒有同樣淵博的知識和與之匹敵的藝術才華,要續作《紅樓夢》後四十回,是不可能的。胡適、俞平伯先生關於高鶚續書的三個「依據」(張船山的詩注、脂本的回目和評語、內容上的矛盾),都是站不住腳的;這種觀點不僅破壞了偉大巨著《紅樓夢》的完整性和連貫性,而且否定了世界觀對創作傾向的決定作用,否定了藝術是對生活的反映。

3302　曹清富,《紅樓夢》後四十回決非曹雪芹所作——前八十回與後四十回虛詞、詞組及回目之比較,紅樓夢學刊,1985(1)

【解題】關於《紅樓夢》後四十回作者的推斷,單純依據背景史料或主觀確定一些內容標準,不足以解決問題;從語法學、詞彙學的角度分析前後語言運用,以此推斷其作者,乃是近年來採用的一種新方法。對比分析了前八十回與後四十回正文的語言運用,特別是虛詞、詞組的運用以及小說的回目,發現前後章回從正文到回目均存有十分不同的特徵(差異),推定後四十回的作者決不是曹雪芹。

3303　蔣文欽，《紅樓夢》成書的三重系統，溫州師專學報，1985（2～3）

　　【解題】八十回本《紅樓夢》成書是由三重系統構成的，《紅樓夢》的總體構思是由三個層次合成的，《紅樓夢》的創作過程也是由三個階段連成的。《風月寶鑒》是成書的第一重系統，是總體構思的第一代；《紅樓夢》是成書的第二重系統，是總體構思的第二代；《石頭記》是總體構思的第三代，是成書的第三重系統。以十八回、廿八回爲界，把八十回分爲三個部分，從「石頭記」稿本系統來看，一至十八回是其核心部分，「石頭記」的標誌最充分，「石頭記」體系的細節特徵最明顯；十九回至廿八回尚是「石頭記」系統的基本部分，但「石頭所記」這一個標誌不見了；廿九回至八十回則屬於影響部分。反過來從「紅樓夢」、「金陵十二釵」稿本系統來看，「石頭記」系統的細節特徵尚未滲透進去，而原來的「金陵十二釵」系統的細節特徵尚未退出陣地；這三個部分的細節特徵的差異，表示三個層次「增刪」工作的結果。第一代總體構思《風月寶盛》稿本系統，它不再作爲一個完整的稿本系統，而主要作爲一段段材料彼分散穿插在上述兩個部分之中；當然，「石頭記」、「紅樓夢」兩系統也有互相穿插的。

3304　夏荷，《紅樓夢》後四十回爲何人所續，蘭州學刊，1985（6）

　　【解題】《紅樓夢》後四十回的續作者是曹雪芹的遺孀杜芷芳，今天所看到、所知道的種種不同的《紅樓夢》百二十回本就是杜芷芳一次次修改的心血的結晶。

3305　林冠夫，後四十回的作者、再說後四十回的作者，紅樓夢縱橫談，南寧：廣西人民出版社，1985

3306　陳大康，關於《紅樓夢》後四十回作者的新考證，中文自修，1985（12）

3307　吳曉南，關於後四十回的作者問題，「釵黛合一」新論，廣州：廣東人民出版社，1985

3308　劉兆榕，論《紅樓夢》前八十回的成書過程，貴州文史叢刊，1986（1）

3309　孫星燃，對《〈紅樓夢〉後四十回爲何人所續》一文的質疑，蘭州學刊，1986（3）

　　【解題】夏荷《〈紅樓夢〉後四十回爲何人所續》所謂「確鑿的證據」，是並不「確鑿」的；在沒有發現大量材料來說明杜芷芳曾續過《紅樓夢》之前，還是先不要替代高鶚爲好。

3310 劉鈞傑，《紅樓夢》前八十回與後四十回言語差異考察，語言研究，1986
（1）

【解題】從語言角度證明《紅樓夢》的前八十回和後四十回不是一人之
作，也不是一時之作。

3311 張衛東、劉麗川，《紅樓夢》前八十回與後四十回語言風格差異初探，
深圳大學學報，1986（1）

【解題】對《紅樓夢》前80回與後40回的一些語言風格要素和風格手
段，即某些用字、用詞及回尾處理等差異做了比較研究，認爲《紅樓夢》前
後語言風格存在明顯差異，絕非所謂「詞句筆氣，前後全無差別」、「一色筆
墨」者。

3312 劉麗川、張衛東，《紅樓夢》後四十回的京腔京味兒——兼與「杜芷芳
說」商榷，深圳大學學報，1986（3）

【解題】從一些同義詞語的表現形態和方言色彩對《紅樓夢》語言風格
作進一步比較研究，指出後四十回語言較前八十回更富於北京方言色彩即「京
腔京味兒」，進而對最近出現的「《紅樓夢》續書人爲杜芷芳」之説提出質疑。

3313 許德成，《紅樓夢》後四十回的作者是杜芷芳嗎，紅樓夢學刊，1987（3）

【解題】《紅樓夢》後四十回的作者並非杜芷芳。

3314 李賢平，《紅樓夢》成書新說，復旦學報，1987（5）

【解題】《紅樓夢》前八十回是曹雪芹據《石頭記》增刪而成，其中曾
插入他早年的小說《風月寶鑒》，並增寫了具有深刻內涵的許多內容；後四十
回是曹家親友搜集整理曹雪芹原稿並加工補寫而成；程偉元搜到全稿爲之活
字印刷刊行，高鶚校勘異文補遺訂訛，都是《紅樓夢》的大功臣。

3315 陳大康，從數理語言學看後四十回的作者——與陳炳藻先生商榷，紅
樓夢學刊，1987年（1）

【解題】從數理語言學角度來考察，認爲《紅樓夢》後四十回並非曹雪
芹所作，但在後四十回的前半部分中含有曹雪芹的少量殘稿。

3316 曾揚華，關於後四十回的作者及評價問題，紅樓夢新探，廣州：廣東
人民出版社，1987

3317 葉徵洛，菩提樹上兩花開——《高蘭墅集》是高鶚續作《紅樓夢》後
　　　四十回的鐵證，紅樓夢學刊，1988（1）

3318 牟應杭，高鶚續書事可以商榷——後四十回應是曹雪芹原著，紅樓，
　　　1989（1）

3319 王向東，高鶚續書考——《紅樓夢》後四十回著者重探，紅樓夢學刊，
　　　1989（4）

　　【解題】曹雪芹確已寫就後四十回原稿，但在他增刪前八十回之際，可
能即被借閱者迷失，未來得及採取應救措施便「淚盡而逝」，這部分原稿便散
佚在民間。經過不斷地散佚、傳抄，後四十回原稿經過二三十年時間方到程
偉元手中，恐怕已是面目全非，殘缺不全了；於是程偉元便找到友人兼文人
高鶚「細加釐別，截長補短」，「按其前後關照者，略爲修輯，使其有應接而
無矛盾」。

3320 陳遼，《紅樓夢》成書過程新論，南京社會科學，1990（1）

　　【解題】甲戌本是《紅樓夢》成書的第一階段；己卯本、庚戌本是《紅
樓夢》成書第二階段；曹雪芹逝世後，他的友人整理了由曹雪芹生前寫成的
後三十回原稿，與前八十回合在一起以抄本問世，是爲《紅樓夢》成書的第
三階段。有人補寫了八十回後的四十回，高鶚在此底稿的基礎上作了「修
補」，刊印後《紅樓夢》大爲流行，但此後四十回決非曹雪芹原作，也非高鶚所續。

3321 涂全太，《紅樓夢》後四十回研究資料綜述，河南大學學報，1990（2）

　　【解題】關於《紅樓夢》後四十回的作者，各家意見可概括爲七種：（1）
曹雪芹原稿；（2）高鶚續書；（3）不知道的某個人續；（4）杜芷芳續；（5）
乾隆、和坤君臣合訓「腰斬匆樓」，以「重金延請」程偉元，高鶚續寫；（6）
曹家親友據雪芹原稿整理而成；（7）懸案説。並綜述了諸家關於續書是否必
要，以及對後四十回的褒貶意見。

3322 周文康，《紅樓夢》後四十回非後人續作的內證及其作者生年月日考
　　　辨，紅樓夢學刊，1990（3）

3323 嚴安政，從「忙」和「連忙」看後四十回作者問題，紅樓夢學刊，1991
　　　（2）

　　【解題】《紅樓夢》後四十回並非曹雪芹原作。

3324　鄭慶山，從方言看程高本後四十回作者，紅樓夢研究，1993（2）

3325　胡曉明，從按頭製帽的詩歌看《紅樓夢》後 40 回非曹雪芹所作，湖北教育學院學報，1993（4）

3326　朱眉叔，如何正確理解甄寶玉形象——駁程、高續書說之一，滿族研究，1993（2）

3327　朱眉叔，關於賈寶玉和賈府結局的種種誤解——駁《紅樓》續書說，明清小說研究，1994（4）

3328　胡崧生，《紅樓夢稿》啓示錄——論《紅樓夢》後四十回非高鶚所著，紅樓夢學刊，1994（4）

【解題】（1）《紅樓夢稿》決不是高鶚的「修改稿」、「手訂稿」。（2）《紅樓夢稿》未作增刪的原本，是不同於甲、乙本的另外的本子；它比甲、乙本「簡單」、「粗糙」，因而表明它的母本是早於甲、乙水的更「原始」的本子。（3）《紅樓夢稿》據以作增刪的母本，也是不同於甲、乙本的另外的本子：這個本子雖不同於乙本，但更接近乙本，是程乙本與《紅樓夢稿》據以作增刪的本子，有著同源的母本；其有異文之處，或則足高鶚另有同源的它本，或則是高鶚在他的同源之本上「略爲修輯」而已。結論：在程甲本問世之前，《紅樓夢》後四十回至少有三種不同的本子在流傳，即迄今發現的最早期的《紅樓夢稿》原文的母本、程甲本的母本、《紅樓夢稿》據以對原文作增刪的和程乙本據以對程甲本作增刪的同源的母本。

3329　郭樹榮，《紅樓夢》後四十回作者之我見，東嶽論叢，1994（6）

【解題】不僅前八十回是曹雪芹所著，後四十回也出於曹雪芹之原稿，只是前八十回是增刪修改後的定稿，後四十回是高鶚在曹雪芹原稿基礎上加工、整理後刊行的。

3330　胡文煒，《紅樓夢》後四十回的作者是曹雪芹，紅樓，1994（1）

3331　胡文煒，再論《紅樓夢》後四十回的作者是曹雪芹，紅樓，1994（3）

3332　張建群，《紅樓夢》成書史臆說——圍繞七十回本存在的可能性，國外社會科學，1994（9）

3333　歐陽健，紅學辨僞論，貴陽：貴州人民出版社，1996

3334　陳繼徵，《紅樓夢》後四十回非高鶚續作，西安交通大學學報，1997（2）

【解題】程偉元沒有作僞欺世；張問陶的詩及注不能作爲「高續說」的

根據；從程甲本的產生及由程甲本到程本的演變情況看，後四十回不可能是
高鶚續作。

3335　王仁銘，《紅樓夢》後四十回未必不是曹雪芹寫的，武漢教育學院學報，
　　　1998（1）
　　　【解題】從《乾隆抄本》入手，通過對百廿回《紅樓夢》前後的連續一
貫性、脂硯齋評語對後四十回預示、金陵十二釵歸宿等三個問題的分析，認
爲《乾隆抄本》後四十回原底稿可能是曹雪芹原稿。

3336　陳繼徵，《紅樓夢》後四十回的作者是誰，西安交通大學學報，1998（1）
　　　【解題】《紅樓夢》後四十回雖不是曹雪芹的原著，其中卻有曹雪芹的
殘稿，是曹雪芹某一親人據其殘稿補作而成。

3337　趙建忠，程刻本《紅樓夢》後四十回眞僞考辨的學術進程，南都學壇，
　　　2000（2）
　　　【解題】從清代學者潘得輿、裕瑞、俞樾，近代學者胡適、俞平伯，現
代學者熊立揚、陳炳藻、呂啓祥等的研究得出傾向性結論：後四十回係他人
續作。

3338　丁維忠，後四十回的僞續者——高鶚？他人？，紅樓夢歷史美學的沉
　　　思，哈爾濱：黑龍江教育出版社，2002

3339　祝秉權，《紅樓夢》後四十回非曹雪芹原著的又一論據——對明義四首
　　　《題紅詩》的新辯識，銅仁師範高等專科學校學報，2003（2）
　　　【解題】從明義四首《題紅詩》所示內容來看，曹氏原著《紅樓夢》八
十回後的內容與程本後四十回內容大異，由此證明程本後四十回非曹氏原著。

3340　梅玫、閻大衛，《紅樓夢》後四十回中有曹雪芹的手筆，銅仁師範高等
　　　專科學校學報，2003（2）
　　　【解題】從元春死亡年齡、兩個妙玉形象、秦可卿上吊自殺、鼓吹學詩
無用、暗示鳳姐有兩個女兒等五個方面加以考察，認爲《紅樓夢》後四十回
中有曹雪芹的手筆。

3341　張振昌，試論《紅樓夢》後四十回的作者爲曹頫，長春大學學報，2004
　　　（1）

【解題】畸笏叟在「脂批」中注明自己是《紅樓夢》後四十回的作者，畸笏叟就是曹頫；曹雪芹去世後，是他的父親曹頫寫了《紅樓夢》後四十回；與曹頫同時代的袁枚，在《隨園詩話》中明確指出，曹寅之子作了《紅樓夢》。令按：此乃臆論。

3342　陳繼徵，應該了結的一樁紅樓「公案」：論後四十回非高鶚續作，咸陽師範學院學報，2004（5）

【解題】對前文《〈紅樓夢〉後四十回非高鶚續作》的修補，主體內容未變。

3343　郭浩，《紅樓夢》成書過程新說，香港：博士苑出版社，2006

3344　陳劭平，百年紅樓辨真假——還《紅樓夢》後四十回一個公道，東南學術，2006（2）

【解題】以胡適先生為代表的「新紅學」認為《紅樓夢》後四十回完全不是出自原作者曹雪芹之手，極力貶損後四十回的藝術價值，製造近百年來中國文壇的一段大冤案；《紅樓夢》在曹雪芹生前是一部相對完整的作品，現有的全部脂批都沒有證明，「新紅學」家的一個個附會也不足以證明其後四十回是高鶚的偽作；《紅樓夢》這部奇書的生命在於它的完整性，後四十回是《紅樓夢》審美的重要組成部分，其中毗陵驛賈寶玉「懸崖撒手」更是令人迴腸盪氣。

3345　胡文煒，《紅樓夢》的主題與後四十回的作者辨，紅樓，2007（4）

3346　余紀，《紅樓夢》後四十回論——駁胡適「狗尾續貂」說，西南大學學報，2008（1）

【解題】新紅學以來最大的公案，當數胡適提出的《紅樓夢》後四十回「狗尾續貂」論，其所示證據也漏洞百出。仔細辨析文本，足可證明作為科場高手的高鶚，根本不可能完成後四十回那樣偉大的悲劇性文學作品的全部寫作。高鶚對於《紅樓夢》的貢獻，應該主要是做了必要的編輯工作，至於其「所補」入的少量文字，實在是《紅樓夢》中令人難以忍受的「惡瘤」。

3347　胡文煒，評「無名氏續《紅樓夢》後四十回說」，河南教育學院學報，2008（6）

【解題】「無名氏續《紅樓夢》後四十回說」是不能成立的：（1）這樣

一部幾乎家喻戶曉的小說，卻毫無所謂「無名氏」的信息；（2）「無名氏續書說」不合情理；（3）除了先入爲主的「後四十回寫得不好」外，給不出無名氏續書的任何理由。

3348　馮寧衛，雖不可能飛得像鷹那麼高——《紅樓夢》後四十回爲曹雪芹原作的力證，兼及《紅樓夢》的主題和賈寶玉的形象，紅樓，2008（4）

3349　王志堯，曹著、高續《紅樓夢》的鐵證——賈雨村續娶嬌杏時的初仕背景異敘引發的思考，銅仁學院學報，2009（2）

3350　張甜甜、段江麗，關於《紅樓夢》後四十回的論手（1921～1949），河南教育學院學報，2009（2）

【解題】1921 年至 1949 年期間，學界關於《紅樓夢》後四十回的各種論說主要圍繞三個方面展開（一、關於後四十回的作者是否爲高鶚；二、關於後四十回是否具有合理性，即後四十回人物的結局與前八十回的暗示是否吻合，以及後四十回所表現出的思想與前八十回是否一致；三、關於後四十回的評價，即後四十回與前八十回比較孰優孰劣），並對這些論說進行比較系統的梳理、總結。

3351　胡文煒，從《紅樓夢》後四十回的來歷看後四十回的作者，遼東學院學報，2009（4）

【解題】最早將後四十回公佈於世的程甲本問世後，沒有一個知情人對此持任何異議，因而程偉元和高鶚的「序」是可靠的；任何對後四十回持否定的「理由」都是出於評論者的臆想，找不到可以作證的文獻資料；《紅樓夢》後四十回的作者只能與前八十回是同一人，全出於曹雪芹之筆。

3352　胡文煒，《紅樓夢》後四十回「因襲模仿前人」辯說，遼東學院學報，2009（6）

【解題】《紅樓夢》後四十回的某些情節和文字可從前人的小說、詩文中找到來歷，有些還在前八十回中出現過，這是長篇小說創作中的一種正常現象，不能作爲後四十回與前八十回不是同一作者的「理由」。後四十回中出現前人寫過的情節卻勝過前人、超越前人，有些情節看似同前八十回重複，卻是前半部作品的發展，體現了作者高超的創作水平，說明整部《紅樓夢》只能出於同一作者。

3353　船越達志，從王熙鳳的形象多面性看《紅樓夢》的成書過程，華西語
　　　文學刊，2010（2）

　　　【解題】甲戌本第一回列舉的五個書名，表示它們本是曹雪芹寫的幾本
不相同的小說：《情僧錄》（緣情而出家的僧侶的記錄）是「戀愛故事」式的
小說，《紅樓夢》（在紅樓發生的夢）是描寫「富貴無常」式的小說；《金陵十
二釵》（金陵的十二美人）是「女性傳記」式的小說；《風月寶鑒》（色情的鏡
子）是「戒淫」的小說；以上四篇小說的集大成，就是《石頭記》（也就是我
們現在看到的《紅樓夢》）。該文梳理了王熙鳳三個方面的形象（一、毒婦的
形象；二、很能幹的漂亮媳婦之形象；三、苦惱的媳婦形象），認爲《（小）
金陵十二釵》是一部類似《列女傳》的書，所以不需要描寫她們現實生活中
苦惱的一面；但將幾部小說集大成的過程中，篇幅越來越長，情節也越來越
複雜化，既描寫了女人理想化的一面，也增加了現實生活中眞實的一面；王
熙鳳形象的眞實感是在將幾部小說集大成的過程中加強的。

3354　施建軍，關於以《紅樓夢》120回爲樣本進行其作者聚類分析的可信度
　　　問題研究，紅樓夢學刊，2010（5）

　　　【解題】主要從聚類分析的原理出發，對李賢平《〈紅樓夢〉成書新說》
在聚類分析運用上所存在的問題進行分析，認爲只用《紅樓夢》的 120 回作
爲樣本所進行的聚類分析不能夠爲《紅樓夢》作者的鑒定提供可靠的證據。

3355　馮守衛，《紅樓夢》後四十回作者辨析，銅仁學院學報，2010（5～6）

　　　【解題】對《紅樓夢》後四十回的一些非議進行了辨析，認爲後四十回
爲曹雪芹原著。

3356　楊婷婷，也談《紅樓夢》前八十回與後四十回語言差異問題，中南林
　　　業科技大學學報，2011（1）

　　　【解題】將《紅樓夢》前八十回與後四十回的詞語進行比較，發現二者
在詞語使用習慣上確實存在某些差異，認爲《紅樓夢》前八十回與後四十回
出自不同作者之手。

3357　朱田豔，《紅樓夢》後四十回研究論文述要（1978～2010），浙江師範
　　　大學學報，2011（3）

　　　【解題】分析了從 1978 到 2010 年關於《紅樓夢》後四十回的作者之爭

（即 1978 到 1986 年的第一次論爭和 2006 到 2010 年的第二次論爭），主要圍繞著三個核心主題，以作者研究爲中心，向與此密切相關的後四十回的價值評判與文本研究兩大主題延伸。

3358　王人恩，試論林語堂的《平心論高鶚》，社科縱橫，2011（11），2012（1）

3359　夏薇，《紅樓夢》後四十回非高鶚續之脂批篇，紅樓夢研究集刊，2012（4），2013（1）

3360　鄭鐵生，百年紅學最大的錯案是閹割《紅樓夢》後四十回，烏魯木齊職業大學學報，2013（2）

　　【解題】百年紅學的最大冤案就是割裂《紅樓夢》後四十回；紅學應當重建，摒棄糟粕，加強理性，營造弘揚和追求厚重深沉的人文底蘊、自由獨立的學術品格、健康無私的理論批評的學術氛圍。

3361　路娟娟、徐乃爲，程甲本《紅樓夢》卷首繡像圖贊的作者考證——兼說後四十回的撰著問題，洛陽師範學院學報，2013（3）

　　【解題】程甲本卷首木刻版畫二十四幅，前圖後贊，開繡像《紅樓夢》之先河；其圖贊多指涉後四十回情節，與高鶚敘中所述的「名教觀」頗多吻合；而高敘署「並書」，其字體亦有合贊詩中行書字，因可助斷圖贊的作者即是高鶚；這一結論有助於認識高鶚與後四十回的關係及其續作理念。

3362　鄭幸，從《隨園詩話》早期家刻本看涉紅史料眞僞問題，紅樓夢學刊，2013（3）

　　【解題】《隨園詩話》正編卷二有段著名的涉《紅》史料，曾引起研究者的持續關注與爭論。同時因其存在文字版本異同，也引發了後人對《隨園詩話》版本的討論。通過文本校勘與版本比對，發現《隨園詩話》存在家刻與坊刻兩大系統，其中家刻本系統中修訂較少的早期版本甲本，保留了涉《紅》史料最初的文本面貌；通過對不同階段家刻本的校勘比對，能夠從根本上梳理涉紅史料文字的變遷過程；同時證明這段文字出現版本異同的原因，並非出自後人篡改，而是源於袁枚本人的修訂。

3363　張同勝、白燕，從前八十回與後四十回教育敘事的不同看《紅樓夢》的作者問題，明清小說研究，2013（4）

【解題】一百二十回本《紅樓夢》中的教育敘事，反映的是滿漢雙重文化影響之下的滿洲府邸世家的貴族教育，然前八十回與後四十回在滿漢文化的側重上又有所不同：前八十回反映的主要是滿洲貴族不必通過科舉考試就可以爲官作宦從而形成了一種「旁學雜收」的學習和教育，而後四十回則主要敘述了士子應試選舉的教育情況。這顯然是兩種不同的教育敘事，由此可證前八十回與後四十回的確是出自曹雪芹、高鶚二手。

3364　童力群，初探《紅樓夢》前八十回的作者問題，衡水學院學報，2013（6）

【解題】《紅樓夢》前八十回爲何不避曹雪芹家族之諱？乾隆二十二年秋曹雪芹開始著書。明義《題紅樓夢》絕句二十首的客觀作用——肯定曹雪芹原創了《紅樓夢》，否定曹雪芹是《石頭記》的作者。脂硯圈子讀到的是《石頭記》系統的本子，永忠圈子讀到的是《紅樓夢》系統的本子，「兩個圈子」絕緣，這是紅學史上令人困惑的不解之謎。應該重新探討曹雪芹的著作權。曹雪芹僅原創了明義所見的《紅樓夢》，脂硯齋組織了《石頭記》的創作。

3365　包辰瑤，《紅樓夢》前八十回和後四十回詞頻的對比研究，湖北科技學院學報，2013（9）

【解題】將《紅樓夢》文本用 Segtag 軟件進行分類，並用 Antconc 軟件對出現頻率較高的詞語做了初步統計後，引證了前八十回和後四十回在用詞和寫作風格上確有差異，應該不是一個人所著的結論。

3366　夏薇，關於《紅樓夢》後四十回作者問題駁胡適「高鶚續書說」，清代文學研究集刊（第六輯），北京：人民文學出版社，2013

3367　曹莉亞，前後迥異的《紅樓夢》色彩世界——基於前八十回與後四十回顏色詞比較看全書作者不一致性，明清小說研究，2014（1）

【解題】將《紅樓夢》一百二十回均分爲前中後三部分，用宏觀統計與微觀考察相結合的方法，計量分析前八十回與後四十回顏色詞用例數量、頻度、種類特徵，以及主要人物服飾色彩運用特點，深入研究《紅樓夢》顏色詞，探求《紅樓夢》語言藝術世界，並從顏色詞比較論證全書作者不一致。

3368　解岩岩，《紅樓夢》前八十回和後四十回顏色用詞的差異研究，江蘇理
　　　　工學院學報，2014（5）

　　【解題】應用配對樣本 T 檢驗的方法，對《紅樓夢》前八十回和後四十
回的顏色用詞進行比較研究，結果表明《紅樓夢》前後兩部分在顏色用詞的
使用頻率上存在明顯差異。

3369　邵琳、孟春，高鶚與《紅樓夢》後四十回之關係淺說，紅樓文苑，2015
　　　　（1）

　　【解題】通過對高鶚的詩詞作品進行賞析，並把《紅樓夢》前後文筆以
及語氣詞等比較分析，從而論證了「高鶚是《紅樓夢》主要整理者，應是後
四十回作者之一」這個觀點。

3370　王攸欣，以詮釋學眼光重審《紅樓夢》高鶚續書說，湖南大學學報，
　　　　2015（5）

　　【解題】《紅樓夢》後四十回乃高鶚續書說是新紅學的主要論斷之一，
籠罩《紅樓夢》研究近百年。歷來雖有異見，但從無以詮釋學眼光對續書說
進行系統審視者。本文從各個層面和維度論述高鶚續書說是在 20 世紀特定文
化歷史處境中，因為胡適等人詮釋《紅樓夢》時的特殊生存狀態而提出來的，
其觀點不能成立。作者通過文本細讀和理論思辨，梳理出前人較少關注的系
列證據作了較充分的論述，並推測《紅樓夢》後四十回主體可能為曹雪芹生
前原稿被毀後的重寫稿。

3371　顏彥，《紅樓夢》作者問題再思考，光明日報，2015

3372　吳佩林，顏色詞使用差異不能佐證《紅樓夢》作者前後不一——與曹
　　　　莉亞博士商榷，曹雪芹研究，2015（3）

　　【解題】曹莉亞博士對比了《紅樓夢》前八十回和後四十回的顏色詞使
用情況，認為從顏色詞用例數量、頻度、種類特徵，到主要人物服飾色彩描
摹，「前八後四」都展現出巨大的反差，足以證明作者非一人。然而，顏色詞
只是眾多詞彙類型中的一類，沒有表徵作者特性的意義，其使用數量、頻度、
種類等應因小說描述事物或情節的需要而定。一部小說的不同部分顏色詞使
用有差異，是完全符合小說創作規律的。《紅樓夢》百廿回本是一個完整統一
體；對於後四十回「續書說」，研究者不可盲目附會。

3373 高樹偉，裕瑞《棗窗閒筆》新考，曹雪芹研究，2015（3）

【解題】在梳理近幾十年《棗窗閒筆》研究史的同時，結合幾件新發現的重要史料，對《棗窗閒筆》的遞藏、筆跡、時代、内容四個方面重新考察：據稿本《棗窗閒筆》中的兩方印章及相關文獻，釐清了遞藏源流；結合裕瑞幾種寫刻本詩文集、書畫題跋及稿本《參經臆説》，確定《棗窗閒筆》爲裕瑞的手稿本；又考察了書中的諱字、所涉「時制」、印章、誤字等幾個方面，確認此書不僞。此外，著重考證了與《棗窗閒筆》遞藏相關的裕頌廷之生平、《長白藝文志》的版本源流，以及與《棗窗閒筆》筆跡鑒定有關的《薑香軒文稿》之遞藏、版本類型。《棗窗閒筆》一書流傳有序，確是裕瑞親筆所寫的稿本，成書在道光年間，是紅學研究中的重要文獻，仍應著重對其文本内容的深入研討。

3374 張雨辰，關於《紅樓夢》成書時間和作者的再探討，科教文匯，2016（9）

【解題】本文綜合各種《石頭記》古抄本正文和脂硯齋評語進行分析，認爲《紅樓夢》的成書時間是在清朝康熙年間而非乾隆年間。該書的作者生活在明末清初。曹雪芹只是一個筆名，並非《紅樓夢》一書作者的眞實姓名。

3375 葉雷，基於計量文體特徵聚類的《紅樓夢》作者分析，紅樓夢學刊，2016（5）

【解題】本文利用計量文本特徵聚類分析的方法對《紅樓夢》各章回進行著作權分析。聚類分析結果表明，後 40 回和第六十七回，與除第六十七回的前 80 回有明顯不同，可判定後 40 回和第六十七回不是前 80 回作者原作；和第六十七回同樣在一些脂本中缺失的第六十四回卻和前 80 回有很高的相似性，可判定第六十四回爲前 80 回的作者原作，而第六十七回可能是後 40 回作者補作。進一步分析表明，第一百〇五回與後 40 回的其他各回有明顯不同，可判定爲不同作者所作。

3376 張慶善，再論《紅樓夢》的著作權，中國文學研究，2016（3）

【解題】《紅樓夢》的作者是曹雪芹，這是多種文獻可證的事實。多年來不斷有人無視這些文獻，試圖論證《紅樓夢》作者另有其人，卻未能提供確鑿的證據。本文結合原著中的敘述文字、相關脂批及曹雪芹交遊文獻證據，援引胡適、余英時等學者的相關研究，系統梳理了可證明曹雪芹是《紅樓夢》

作者的多種文獻，再次就這一問題做出充分論證。

3377　歐陽健，異質思維的碩果——析《紅樓夢》作者顧景星考，明清小說研究，2016（3）

【解題】王巧林的《紅樓夢》作者顧景星説，堪稱「異質思維」的碩果，其學術特色在有破有立，既充分論證了「新紅學」的「曹雪芹説」之不能成立，更運用可靠史料《敬呈四事疏》證明顧景星就是明清鼎革「天崩地坼」之時，挺身而出「補天未遂」的那塊「石頭」，《紅樓夢》是作者爲恢復故國所作百般努力夢想成空的故事。今按：王巧林説難以成立。

3378　克非，從《紅樓夢》的「緣起」談小說的作者，中華文化論壇，2016（5）

【解題】從敘述人的角度入手研究《紅樓夢》開頭的「緣起」，認爲小説的諸多敘述者都是作者的虛構，被普遍認爲是作者的「曹雪芹」也不例外。眞正的作者卻隱而不露。爲何會假託、虛構了如此多的敘述者，從康雍乾之世爲文做詩，動輒得咎，頻興大獄可以得到答案。

3379　白術傑、白傳發，關於《紅樓夢》原作者問題的思考，文學教育，2017（1）

【解題】《紅樓夢》自問世以來，一直引起很多學者的關注和研究，大家都認爲這部小説的作者曹雪芹寫了80回，本文作者提出了《紅樓夢》的眞正作者是愛新覺羅·胤祕這一觀點。

3380　盛志梅，《紅樓夢》著作權問題的「假設」當適可而止——與趙建忠《「家族累積説」：紅樓夢作者的新命題》商榷，河北學刊，2017（1）

【解題】《紅樓夢》著作權問題歷來是紅學研究的熱點之一。圍繞作者到底是誰，學術界主要有兩種傾向：一種認爲是與曹家無關的人所著，如納蘭容若、冒辟疆、洪昇等，還有人認爲是無名氏所作；另一種認爲是曹家子弟所著，支持曹雪芹的居多，近幾年還有提出曹頫説。隨著「曹學」的發展，趙建忠提出結合「曹學」成就的「家族累積説」新命題。新命題建議學術界關注李璽家族的研究，認爲《紅樓夢》是曹家幾代人集體智慧的結晶，曹雪芹是最後的完成者。這一新命題的優點是擴大了學術研究的視野，弊端是缺乏足夠的材料和邏輯論證，並不能有效解決《紅樓夢》研究的歷史遺留難題。

鑒於當前學術界的研究能力，尚不能支持新學說的提出。爲此，《紅樓夢》著作權問題應暫時擱置，這並無礙於《紅樓夢》的藝術研究與讀者接受。今按：此論甚通達。

3381 吳佩林，「蔆香軒」非裕瑞書齋考──兼證《棗窗閒筆》之僞，河南教育學院學報，2017（6）

【解題】《棗窗閒筆》是紅學基礎文獻之一，但其眞僞之爭由來已久，爭論的焦點即裕瑞是否擁有「淒香軒」印章。此前相關研究，不論證僞者還是證眞者，均把「蔆香軒」當作裕瑞書齋名，並以此懷疑或解釋「淒香軒」印章來歷。但是，蔆香軒是裕瑞的私家園林，基於書齋名「蔆香軒」的各種釋疑均不妥。裕瑞有室名齋館章「樊學齋」，蔆香軒不是裕瑞居室名或齋堂館號，故「蔆香軒」印章是莫須有，更何談「淒香軒」？

3382 劉廣定，《棗窗閒筆》之眞僞與成書時間，曹雪芹研究，2017（4）

【解題】《棗窗閒筆》眞僞問題之爭議，迄未完全解決。從分析裕瑞與晉昌在瀋陽之交往、程偉元生年及與晉昌之交往，可推知晉昌再任盛京將軍時程偉元已不在瀋陽，故裕瑞不識程偉元，文中予以貶抑之疑可解。《棗窗閒筆》係裕瑞晚年晉昌逝後寫定，並未求證早年見聞，亦未訂正文中誤記和矛盾不一處。

3383 黃一農，再論《棗窗閒筆》之眞僞，紅樓夢學刊，2017（5）

【解題】透過佘嘉惠《臨羅兩峰鬼趣圖》上發現的裕瑞書跡與印章，推判《棗窗閒筆》應就是裕瑞手錄的，但相關論爭並未因此止歇。根據學界新近在《遂初堂未定稿》《梅石犬戲》《蝶仙圖》上所發現的裕瑞序跋、題詩與鈐印，強有力地回應以《棗窗閒筆》乃僞書的質疑。

3384 吳佩林，從裕瑞閒章看《種芹人曹霑畫冊》之僞，內江師範學院學報，2018（1）

【解題】清宗室文人裕瑞有多枚閒章，印文內容或聚焦於文房，或寄情於山水，意境深遠，超凡脫俗，展示了他深厚的文化功底、高雅情趣和豐富創造力。與之相比，《種芹人曹霑畫冊》上各閒章的文化含量和藝術性都較低，不可能屬於比裕瑞更加博學多才、更富創造力的《紅樓夢》作者曹雪芹。

儒林外史

3385　章培恒，《儒林外史》原書應爲五十卷，復旦學報，1982（4）；古典小
　　　　說版本資料選編，太原：山西人民出版社，1986；獻疑集，長沙：嶽
　　　　麓書社，1993

　　　　【解題】現今所見《儒林外史》的最早本子爲嘉慶臥閒草堂本，共五十
六回，但吳敬梓友人程晉芳卻說《儒林外史》爲五十卷（即五十回），金和又
說此書原本爲五十五卷，目前的研究者頗有信從金和之說的。「《儒林外史》
五十卷」一語，是吳敬梓的一個對此書深有瞭解的老朋友、好朋友以愼重、
負責的態度所作的記述，若沒有確切的證據，我們是不應該輕易加以否定的；
而且從《橋西雜記》的記載中，我們還可以獲得清代確曾存在過五十卷本《儒
林外史》的旁證，從而進一步證明了程晉芳此說的可信。相反，金和的《跋》
頗多訛誤，不盡可信；其以「先生著書皆奇數」來證明《儒林外史》原本爲
五十五回，根本不能成立；金和的時代既遠遠後於吳敬梓，在他之前又從不
見有《儒林外史》五十五卷的著錄，迄今也從未發現過《儒林外史》的五十
五卷本（據金和之說而把五十六卷本改造成爲五十五卷本者不算）；因此，金
跋既多不實、可疑之處，五十五卷說又顯然與上述程晉芳之說相牴牾，自不
足信。

3386　章培恒，《儒林外史》原貌初探，學術月刊，1982（7）；儒林外史研究
　　　　論文集，北京：中華書局，1982；獻疑集，長沙：嶽麓書社，1993

　　　　【解題】在《〈儒林外史〉原本應爲五十回》一文中論證了五十六回本
《儒林外史》的最後一回（不包括結尾一詞）係後人竄入，該文則進一步探
討後人竄入的另外五回，分別是第三十六回的一半，第三十八回至第四十回
的前面一大半，第四十一回結尾至四十四回的前面一小半。

3387　陳新、杜維沫，《儒林外史》第五十六回眞僞辨，儒林外史研究論文集，
　　　　合肥：安徽出版社，1982

3388　談鳳梁，《儒林外史》創作時間、過程新探，江海學刊，1984（1）；中
　　　　國古代、近代文學研究，1984（6）

　　　　【解題】閒齋老人即吳敬梓，《閒齋老人序》寫在 1736 年 2 月，則其著
手創作《儒林外史》決不會遲於 1736 年，據相關文獻，當是 1736 年；1750
年之前已經大體完成，但並未全部完稿，至其死前（1754 年），還在修改。從

吳敬梓的經歷、思想、構思和作品的內容、形式等方面來看,在創作《儒林外史》的 19 年中,經歷了三個階段:第一階段,開頭至第二十五回,寫在 1736 年 2 月以前(其中第二十一回以後的部分寫在 1735 年冬季作者自揚州返寧以後的兩個月內);第二階段,第二十六回至第三十五回,寫在 1736 年至 1739 年之間;第三階段,第三十六回以下部分則陸續完成於作者逝世以前。

3389 談鳳梁,《儒林外史》第五十六回當屬原作,明清小說研究(第一輯),
北京:中國文聯出版公司,1985

3390 遇笑容,從語法結構探討《儒林外史》的作者問題,中國語文,1996
(5)

【解題】僅就兩個語法點來研究《儒林外史》的語法現象:一是表動作狀態的結構;一是疑問句的結構。發現早期官話及皖中方言的運用多出現於前 32 回,其他結構則多見於後 23 回;這前後語法不一致的現象可以說明,《儒林外史》或許並非完全爲吳敬梓所作。

3391 顧鳴塘,吳敬梓與《儒林外史》第五十六回,文匯報,2000,6,7

3392 顧鳴塘,論《儒林外史》第五十六回乃吳敬梓原作,明清小說研究,
2000(4)

【解題】在仔細研究新發現的吳敬梓佚著《詩說》和推敲《儒林外史》第五十六回的基礎上論定:《儒林外史》第五十六回爲吳敬梓所著無疑。

3393 地藏堂貞二,從語言的角度看《儒林外史》的作者問題,中國語文,
2000(1)

【解題】論證遇笑容所謂「《儒林外史》的前 32 回爲吳敬梓親筆,而後 23 回則爲他人所作」之說不能成立。

其他

3394 石繼昌,清季小說辨僞,古典文學論叢(第二輯),濟南:齊魯書社,
1981

【解題】總結清代小說作僞類型:一、取時人所著,改名刊行;二、合二爲一,易以新名;三、文人僞作,託名前人;四、抄襲陳言,草率成書;五、雜湊成書,眞僞參半;六、割裂成書,易名欺世;七、張冠李戴,面目全非。

3395　妥佳寧，《兒女英雄傳》舊序辨僞綜考，民族文學研究，2013（4）

　　【解題】重新考查《兒女英雄傳》中署名「觀鑒我齋甫」和「東海吾了翁」的兩篇舊序，綜合分析全書各部分眞僞文獻及僅存抄本的異文，董恂點評，內容年款皆有據可查，且董詢不曾參與其他各部分文獻的作僞。馬序內容基本上可以認定爲眞實，落款年代眞實，雖署名有待旁證證實，但不影響其內容的眞實性；而其認爲四十回以後的 13 回小說爲僞，則僅屬其個人推測。《緣起首回》並非小說原作，在小說成書至五十三回之後才作，附於小說正文之前，冒充小說原著內容；其中說「東海吾了翁」重訂小說，應是確有其事；《緣起首回》的作僞，不早於「東海吾了翁」重訂小說，很可能就是重訂小說者所作，而又不晚於現存抄本，也就早於抄本中尚無的觀序（眞序僞款）、東序（內容年款署名皆屬故意作僞）與馬序，早於《兒女英雄傳》的初印。